Esta maravillosa obra escrita por la Dra. Blanca Espinoza ofrece una visión detallada de las causas y los enfoques terapéuticos de quienes sufren de angustia emocional en el ministerio. Creo que esta perspectiva, basada en la fe sobre el bienestar emocional en el ámbito ministerial, será una gran herramienta tanto para los consejeros profesionales como para los consejeros pastorales; y creo también, con firmeza, que este libro, excepcionalmente bien elaborado, les será útil para su propio crecimiento personal.

—Dr. Marty Harris
Professor of Psychology and
President, LABI College

La lectura concienzuda de este libro permite identificar conductas nocivas tales como *respuestas impulsivas, dificultad para perdonar, sobrepensar,* etc., que pueden afectar su bienestar integral, a fin de encontrar las maneras de modificarlas. Seguramente esto generará un impacto en su labor de liderazgo. Lea con criterio y disfrute lo que lee; seguro le será muy provechoso.

—M.A. Rafael Franco, Psicoterapeuta.

Puesto que el propósito principal de la Iglesia de Jesucristo es traer sanidad espiritual y emocional a todos a través del Evangelio de Cristo Jesús, un liderazgo espiritual emocionalmente sano es esencial para el desarrollo de iglesias y ministerios. Es por ello que estoy muy agradecido con Dios, y con la pastora, Dra. Blanca Espinoza, por seguir la guía del Espíritu Santo al crear este maravilloso, importante y muy útil libro, el cual estoy seguro será de gran bendición para miles de líderes cristianos.

—Dr. Sergio Navarrete
Director de Iniciativas Hispanas del Seminario Teológico
de Asambleas de Dios, Springfield, Missouri

La sanidad emocional de los líderes

La Sanidad Emocional De Los Líderes

RECUPERANDO LA SALUD, LA PAZ Y
EL EQUILIBRIO INTERIOR

Dra. BLANCA ESPINOZA

Editado por Eliud A. Montoya

PALABRA PURA
palabra-pura.com
2026

A mi Familia,

Por haberme apoyado siempre y

estar constantemente

Inspirándome para seguir adelante

TABLA DE CONTENIDO

AGRADECIMIENTOS

Doy gracias a Dios primeramente por permitirme la publicación de este libro. Y por la oportunidad que me da de trabajar en su obra. Romanos 8:28 dice: «Y sabemos que para los que aman a Dios, todas las cosas cooperan para bien, esto es, para los que son llamados conforme a su propósito».

Agradezco a mi madre y a mis hijas Regina y Elizabeth Espinoza por ser siempre mi ayuda mientras estaba estudiando; ya que, sin su apoyo, no hubiese podido realizar mis sueños.

También agradezco a mis pastores Enrique y Wilma Zone por guiarme y apoyarme hasta el día de hoy en mi carrera, en mi vida personal, y familiar. Y por ayudarme para ingresar a la Facultad de Teología, la cual es un puente para entrar a Azusa Pacific University; y de no haber sido por ellos, no hubiese terminado mi carrera como Dra. en Ministerio y no hubiese sido posible escribir este libro.

Gracias al Dr. Sergio Navarrete, mi mentor y consejero; por creer en mí, que yo podía escribir con éxito este libro. Sus consejos fueron muy valiosos.

Agradezco también a cada uno de mis maestros quienes fueron parte esencial en el curso de mis estudios en la Facultad de Teología y en Azusa Pacific University.

A mi editor Eliud Asaf Montoya, el cual merece un agradecimiento especial por el desarrollo de este escrito, ya que él fue quien me apoyó y motivó para que este libro fuese una realidad; él ha sido un aliento constante en mi carrera como escritora.

También agradezco a cada persona que pasó por mi oficina, aquellos que me contaron sus alegrías y fracasos dentro de sus respectivas comunidades cristianas.

Prólogo

A lo largo de la vida todos atravesamos experiencias que dejan huellas invisibles en el corazón. Son marcas que no se ven, pero que se sienten: recuerdos que aún duelen, palabras que hirieron, pérdidas que cambiaron el rumbo de nuestra historia y silencios que nos enseñaron a sobrevivir, aunque no a sanar. Muchas veces aprendemos a seguir adelante sin detenernos a mirar interiormente, convencidos de que el tiempo, por sí solo, curará aquello que no nos atrevemos a enfrentar.

La Sanidad Emocional de los líderes nace de una necesidad profunda y universal: la sanar el alma.

Este libro es una invitación honesta a detenerte, respirar y escucharte. No busca ofrecer fórmulas rápidas ni respuestas simplistas, sino acompañarte en un proceso íntimo de autoconocimiento, aceptación y restauración interior. Sanar emocionalmente no significa negar el dolor ni olvidar el pasado, más bien, es reconocerlo con compasión y permitir que este deje de gobernar nuestras decisiones, relaciones y manera de ver la vida.

Blanca Espinoza escribe desde la sensibilidad de quien ha observado, escuchado y comprendido el peso que cargan muchas personas en silencio. A través de sus palabras, nos recuerda que sentir no es sinónimo de debilidad y que reconocer nuestras heridas es un acto de valentía. Cada capítulo abre un espacio seguro donde el lector puede mirarse sin máscaras, sin juicios y sin miedo.

Vivimos en una cultura que nos exige fortaleza constante, productividad ininterrumpida y sonrisas permanentes, aun cuando el interior está cansado y herido. Este libro rompe con esa narrativa y nos devuelve una verdad esencial: la sanidad emocional comienza cuando dejamos de huir de lo que sentimos y aprendemos a abrazarnos tal como somos, con nuestras cicatrices y nuestra historia.

A lo largo de estas páginas descubrirás que sanar no es un evento aislado, sino un proceso continuo. Es aprender a poner límites sanos, a soltar culpas que no nos pertenecen, a perdonar sin minimizar el daño y a reconstruir la relación más importante de todas: la que tenemos con nosotros mismos. La sanidad emocional no borra el pasado, pero sí transforma la manera en que este influye en nuestro presente.

Este libro también nos recuerda que no estamos solos. Que pedir ayuda no es rendirse, sino reconocer que el ser humano fue creado para caminar acompañado. Sanar implica abrir el corazón, confiar de nuevo y permitir que la esperanza vuelva a ocupar el lugar que alguna vez fue tomado por el miedo o la tristeza.

Que La sanidad emocional de los líderes sea para ti un refugio en medio del ruido, una guía en los momentos de confusión y un recordatorio constante de que mereces vivir en paz interior. Que cada página te acerque un poco más a la libertad emocional y a la plenitud que nace cuando el corazón aprende a sanar.

Que este prólogo sea el inicio consciente de un camino personal, valiente y transformador, donde la honestidad interior, la paciencia, el amor propio, y la fe acompañen cada paso, cada caída, cada aprendizaje, hasta reencontrarte con tu esencia, tu voz, tu verdad restaurada.

— Dra. Regina Espinoza DDS, MBA, FCID

Introducción

*E*l apóstol Pablo dice que es un privilegio para cada líder que este desempeñe bien su cargo como buen obrero del Señor, y que coopere en que la Iglesia de Cristo siempre se mantenga santa; es decir, sin mancha, sin arruga, ni cosa semejante (Efesios 5:27), y esto solo es posible cuando los líderes cristianos son sanos emocionalmente. Dios es el que sana las heridas del corazón, y es imprescindible que Él sane al líder que ministra en Su Iglesia, la Iglesia del Señor Jesús.

He titulado este libro *La sanidad emocional de los líderes*, porque lo que este contiene, no solo expone y explica aquellas emociones o sentimientos que afectan al ser humano, sino también comparte herramientas y estrategias que puedan ayudar a los líderes cristianos a enfrentar sus emociones y salir victoriosos. El libro que usted tiene, amado lector, en sus manos, no solo tiene un enfoque y análisis textual teórico, sino que intenta definir procesos reales y probados, y presentar propuestas de solución a los problemas planteados. Para ello he recurrido, principalmente a la Biblia, la Palabra de Dios, y en segundo lugar a una literatura secundaria selecta que habla sobre este tan importante tema. Todo a fin de ayudar a los líderes cristianos a enfrentar sus emociones —tanto positivas, como negativas— y lograr con ello que estos mantengan una buena salud emocional (tan importante para el bienestar integral humano).

Ya que las emociones pueden alterar el bienestar humano —incluso hasta el punto de llevarnos a contraer enfermedades físicas— en este libro expondré temas psicológicos y mencionaré los pros y los contras de las emociones, es decir, cómo estas afectan la forma de pensar, sentir y actuar en la vida del individuo, y en la forma en que este se relaciona con otras personas.

Asimismo, estaré escudriñando temas relacionados con las heridas del pasado, heridas que pueden perjudicar las emociones del presente, y las relaciones con los demás. Entre las emociones más dañinas están el rechazo, el abandono, la humillación, los traumas, la depresión, la ansiedad, la ira, entre otras; y en este libro estaré explicado varias de ellas.

Para profundizar un poco más respecto a lo que de paso he dicho (que las emociones negativas pueden afectar la salud del individuo), Esdras Betancourt, en su exposición de Génesis 2, explica lo que se desencadenó en la primera pareja después de haber conocido el bien y el mal. Dice que de ahí comenzaron a manifestarse las enfermedades a causa de la desobediencia. Menciona primero que fueron la ansiedad y la culpabilidad las dos emociones negativas que ellos comenzaron a experimentar; y luego, añade que en la actualidad existen muchas enfermedades que son causadas por las emociones; en otras palabras, que cuando no hay salud en las emociones del individuo, la tendencia es a que existan enfermedades físicas también.[1]

Por lo tanto, en este libro estaré hablando, con el fin de motivar la reflexión, aquello que afecta el estado emocional de los líderes y cómo esta condición repercute en su capacidad para ayudar a sus liderados. Analizaré la sanidad emocional de los líderes desde un punto de vista teológico, psicológico y ministerial. También buscaré el origen de las emociones para poder enfrentarlas y superarlas, pues esto último es el resultado y meta de este libro.

¿Cómo este libro comienza a lograr todo esto? En principio, eso se comienza a lograr al esclarecer y dilucidar los problemas emocionales más comunes, problemas cuya solución es imprescindible para que un líder pueda servir saludablemente dentro de un ministerio cristiano.

---

[1] Esdras Betancourt, *Introducción a la psicología pastoral* (Barcelona: Clie, 1994), 13.

POR QUÉ ES IMPORTANTE LA SANIDAD EMOCIONAL

En mis investigaciones para la redacción de este libro he buscado los antecedentes de la sanidad emocional de acuerdo a la psicología, y al hacerlo, me topé con una frase del dramaturgo griego Esquilo, la cual me pareció muy atinada. Él dice:

> Montones de cadáveres, hasta la tercera generación, indicarán sin palabras a los ojos de los mortales que, cuando se es mortal, no hay que abrigar pensamientos más allá de la propia medida [la medida de cada persona]. [Porque] Cuando la soberbia florece, produce la espiga de la ceguera; y su cosecha es una cosecha de lágrimas. [2]

Y no cabe duda que la soberbia produce heridas en los demás; por eso, hay que saber valorar a nuestros semejantes para no dañarles, porque lo que se siembra se cosecha. Este principio de la siembra y la cosecha podría coincidir con algunos de los corolarios de la psicología, cuyas aportaciones tienen la siguiente vertiente: no se trata solamente de experimentar buenos momentos, sino de tener un cambio de actitud hacia uno mismo y hacia los demás. Y este cambio de actitud (para bien) —se podría decir— es el foco de la sanidad emocional, la cual empieza a producirse desde el momento en que una persona reconoce y acepta los factores, los traumas y las heridas del pasado que producen miedos, rechazos, abandono, depresión, ansiedad, ira, etc. Todas estas emociones conducen a una baja autoestima en el individuo y a perder la confianza que debe tener en sí mismo. [3] Se podría decir entonces que una persona sana emocionalmente —siguiendo la idea de Esquilo—, es aquella que se dedica a sembrar lo positivo y lo bueno en otros y en sí mismo.

Cada líder cristiano debe disfrutar de lo que Dios le ha encomendado y mantenerse sano para cumplir cabalmente las responsa-

---

[2] Esquilo, *Tragedias* (Madrid: Editorial Gredos, 1986), 252.

[3] Anamar Orihuela, *Trasforma las heridas de tu infancia* (Ciudad de México: Penguin Random House Grupo Editorial), 25.

bilidades que tiene para con su llamado. Si el líder cristiano goza de buena salud emocional, entonces disfrutará de una buena plataforma para trabajar con alegría, y vivirá sin temores, sin ansiedades, y libre de las heridas que le fueron causadas en el pasado.

Asimismo, los líderes deben alcanzar su máximo potencial con las fortalezas que tienen, pues el debido ejercicio de estas fortalezas los llevará a alcanzar un bienestar emocional estable.

Muchos de los líderes de hoy han sido dañados emocionalmente sin darse cuenta; y este estado de cosas en su vida emocional puede ser un detonador de dolor y desilusión para los que los rodean. En muchas ocasiones también, parece que todo está correcto y el líder piensa que tiene la razón en cuanto a su forma de pensar; no obstante, su trabajo no logra ser de edificación, y debido a su comportamiento, este pierde reputación y confianza.

Ahora bien, teniendo como enfoque la sanidad emocional de los *líderes cristianos*, este libro ha sido desarrollado estratégicamente en cuatro partes, de las cuales, tres corresponden a tres diferentes perspectivas: la perspectiva teológica, la perspectiva psicológica y la perspectiva ministerial. Lo que trato en cada una de estas tres primeras partes se esboza brevemente a continuación:

PERSPECTIVA TEOLÓGICA

En esta parte enfatizo la Biblia como el Libro principal, ya que ella es la máxima autoridad. En ella se encuentran los mensajes de fe y de práctica cristiana, y lo que dicen los profetas de Dios. Igualmente, de la Biblia extractaré (a manera de ejemplos prácticos) los problemas emocionales que tenían los personajes bíblicos. Aquí hago mención de lo que algunos de los escritores mencionan acerca del problema emocional que tiene el hombre. También presento algunos versos que Dios dice en su Palabra acerca de la sanidad de los líderes del rebaño del Señor, ya que todo líder debe tener cuidado con las ovejas que Dios puso bajo su responsabilidad.

Ejemplo de lo que acabo de mencionar es Jeremías 10:21, donde dice: «Porque los pastores se han entorpecido y no han buscado al Señor, por tanto, no prosperaron, y todo su rebaño se ha dispersado» (NBLA); Jeremías 23:1 dice también: «¡Ay de los pastores que destruyen y dispersan las ovejas de mis prados! Declara el Señor» (NBLA). Bajo este mismo tenor, Ezequiel 34:4 dice: «No fortalecen a la oveja débil, no cuidan a la enferma ni curan a la herida. No han traído a la descarriada ni buscan a la perdida. Al contrario, tratan al rebano con crueldad y violencia» (NVI).

Cevallos y Zorzoli, mencionan que Dios habla por medio del profeta Ezequiel en el capítulo 34 dirigiéndose a los pastores de Israel, al liderazgo, a los que tenían la tarea de guiar el destino del pueblo de Dios. Y este capítulo se encuentra en el contexto de un mensaje de esperanza, ya que, aunque habla de juicio en contra del liderazgo, el pasaje termina enfatizando que el Señor es quien pastoreará a su pueblo.[4] ¿Por qué Dios envía juicio al liderazgo de su pueblo? Porque no hacían la tarea que Dios les había designado. ¿Y por qué no la hacían? ¿Sería que ese liderazgo estaba emocionalmente enfermo?

El relato de Génesis 2 nos ayuda a comprender mejor las dificultades que el ser humano enfrenta, y de sus tendencias pecaminosas naturales más recurrentes. Por consiguiente, este libro incluirá un análisis de algunos pasajes bíblicos claves que tienen que ver con este tema central. Este trasfondo teológico representa el fundamento más importante de este libro, puesto que se trata de la sabiduría de Dios mismo, el Creador del hombre. Los líderes bíblicos que se han seleccionado en este análisis servirán de prototipo para los líderes cristianos de hoy, partiendo de la premisa de que todo el evangelio tiene

---

[4] Juan Cevallos y Rubén Zorzoli, *Comentario Bíblico Mundo Hispano: Ezequiel y Daniel* (El Paso, TX: Casa Bautista de Publicaciones, 2009), 298.

como objetivo el que los llamados por Dios lleguen a la estatura de nuestro Señor Jesucristo, y esto incluye —de manera primordial— a los líderes eclesiásticos. Los líderes deben gozar de un bienestar emocional adecuado para llegar a la estatura de nuestro Señor Jesús (Efesios 4:13).

PERSPECTIVA PSICOLÓGICA

En esta parte estaré abordando el tema de la sanidad emocional desde el punto de vista de la psicología. Y esta investigación nos ayudarán a encontrar las claves de la sanidad emocional, cosa que es el centro de todo el escrito. Aquí propondré las técnicas y los consejos de algunos escritores; sin dejar —en ningún momento—, de hacer uso de la Palabra de Dios.

Polischuk dice que el consejo terapéutico es introducido como parte funcional del cuidado pastoral, ya que representa un aspecto vital del servicio de ayuda al ser humano en los momentos de conflicto. Las tareas realizadas en el desarrollo de las funciones ministeriales pueden contar con la integración psicológica y teológica.[5]

Orihuela dice que hay muchos factores que afectan la calidad de vida de las personas y que, si estas no son capaces de sanar sus heridas, ese verdadero «yo» nunca tendrá la oportunidad de conocerse de verdad, y no podrá sanar a otros. Entre los factores que ella menciona están: las heridas de la infancia, el rechazo, el abandono, la humillación, la ansiedad y la depresión.[6]

Así también, Caballero afirma que todos hemos sufrido heridas emocionales en el pasado y que no es difícil darse cuenta de los problemas que se traen desde la niñez hasta la edad adulta, ya que muchos, a causa de tales heridas, presentan síntomas de depresión, ansiedad, ira, etc. Menciona que la Biblia también explica el proceso

---

[5] Pablo Polischuk, *El consejo terapéutico* (Barcelona: Clie, 1994), 9.

[6] Orihuela, 17.

completo de curación en términos de transformación del «viejo hombre» al «nuevo hombre».[7] 2 Corintios 5:17 dice «Por lo tanto, si alguno está en Cristo, es una nueva creación. ¡Lo viejo ha pasado, ha llegado ya lo nuevo!» (NVI).

Henri Nouwen dice que la formación espiritual es un proceso que implica tomar conciencia, fijar la condición y seguir los sutiles movimientos del Espíritu en el corazón del creyente y en su vida.[8]

En esta parte estaré abordando un número de referencias bibliográficas, a fin de comprender la perspectiva psicológica del problema emocional y de su sanidad

PERSPECTIVA MINISTERIAL

En esta parte estaré hablando de los aspectos de la sanidad emocional que tienen que ver con el ministerio y de las repercusiones que acarrea su ausencia. Podemos observar que la salud emocional tiene que ver con la formación espiritual, y con el corazón. Como dice Salomón: «Por sobre todas las cosas cuida tu corazón, porque de él mana la vida» (Prov. 4:23 NIV). Y para que un líder sea emocionalmente sano, este debe dejar que Dios cambie su corazón, dejando atrás las cosas que pueden perjudicar a otros (en este respecto presentaré algunos consejos de expertos lograr esta sanidad). En este tiempo muchos desean más de ellos mismos que de Dios; y esto denota la necesidad de una verdadera sanidad del corazón, ya que, como dice el verso mencionado, de Él mana la vida. Todo líder cristiano necesita ser sanado, a fin de ser capaz de ayudar a sus ovejas a ser sanadas también (esta es una frase central en este capítulo y a lo largo de este libro).

Hoy en día es posible observar que los mayores problemas que existen en la sociedad son: el rechazo, el abandono, la culpa, la depresión, la ansiedad y la ira, y todo esto tiene una incidencia directa

---

[7] Pablo Caballero, *Sanidad emocional* (publicado por el autor, 2018), 5, 20, 21.

[8] Henri Nouwen, *Formación espiritual* (Bilbao, España: Sal Terrae, 2011), 14.

con la sanidad emocional. El líder cristiano debe estar familiarizado con estos desafíos, pero, en primer lugar, él o ella mismo(a) debe estar libre de estas cosas. De ahí la enorme importancia del análisis que este libro aborda en relación con el trasfondo ministerial.

Se señala que Mateo y Ezequiel hablan de pastores enfermos y del daño que estos causan a las ovejas. A manera de ejemplo, menciono los siguientes versos: Mateo 9:36 dice: «Y viendo las multitudes tuvo compasión de ellas, porque estaban angustiadas y abatidas como ovejas que no tienen pastor» (LBLA). Ezequiel 34:5 dice: «Y han sido dispersadas por falta de pastor, y se han convertido en alimento para toda fiera del campo; se han dispersado» (LBLA); Jeremías 10:21 también dice: «Porque los pastores se han entorpecido y no han buscado al Señor, por tanto, no prosperaron, y todo su rebaño se ha dispersado» (LBLA).

Barbosa de Sousa dice que el hombre debe cuidarse a sí mismo, tomar conciencia y preocuparse de su propia vida; y que para poder tener un cambio de vida y ser sanado, se necesita experimentar la presencia de Dios. Continúa diciendo que es posible que alguien se dedique a estudiar teología toda su vida y a conocer a Dios mediante lecturas, pensando, escribiendo, enseñando, etc., y no tener ningún sentimiento de la presencia real de Dios. Entonces él pregunta: ¿Es posible que como cristianos nunca hayamos tenido una relación personal con Él? [es decir] ¿que no exista una experiencia de salvación? [El individuo pudo haber adquirido] conocimiento, vivido experiencias, pero no ha nacido de nuevo, no se ha convertido, y esto [evidentemente] afecta a los que ejercen un liderazgo.[9]

---

[9] Ricardo Barbosa de Sousa, *Por sobre todo cuida tu corazón* (Buenos Aires: Ediciones Kairos, 2005), 9-10.

Un estudio presentado por Barna y el ministerio Enfoque a la Familia, asegura que el 80% de los líderes y el 84% de sus esposas, se sienten desanimados para hacer su ministerio. El 50% de los líderes encuestados estaban tan desalentados que renunciarían inmediatamente si tuvieran otra forma de ganarse la vida. También hace mención que las heridas emocionales del pasado (las cuales permanecen abiertas), los traumas y las patologías psicológicos en general, son las causas principales del desequilibrio emocional.[10]

Scazzero menciona que ha escrito con la intención de ayudar a reconocer la naturaleza y los aspectos de una espiritualidad emocionalmente enferma, y ahí explica cómo tanto la salud emocional como la espiritualidad contemplativa son indispensables para llevar la transformación de Cristo hasta los rincones más profundos de la vida de una persona.[11]

COMO SANAR LAS ENFERMEDADES EMOCIONALES DE LOS LÍDERES

Luego de terminar con las investigaciones en las partes antes mencionadas, dedicaré una cuarta parte para hablar exclusivamente de las aplicaciones y de las soluciones para la salud emocional en los líderes. Esta parte consiste en la aplicación del conocimiento expuesto en las partes anteriores. De esta manera, estaré analizando el pensamiento de los autores mencionados en las tres partes previas y así el conocimiento teórico se traducirá en soluciones tangibles.

---

[10] James Scott, Jr. "Why 'Pastor Care' is important", *Scott Free Clinic*, septiembre 27, 2018. https://www.scottfreeclinic.org/2016/09/27/why-pastor-care-is-so-important/

11] Peter Scazzero, *Espiritualidad emocionalmente sana* (Miami: Editorial Vida, 2006), 3.

PARTE UNO: PERSPECTIVA TEOLÓGICA DE LA SANIDAD EMOCIONAL DE LOS LÍDERES

Introducción

Cada capítulo de este proyecto está relacionado con el liderazgo; y esta parte en particular, tiene el objetivo de exponer aspectos teológicos encontrados en la Palabra de Dios en relación con la sanidad emocional y la calidad de vida de los líderes en la Iglesia. Se sabe que las emociones son procesos mentales que ayudan al individuo a lo largo de su vida, y lo acompañan desde su nacimiento; por ello, el tema de las emociones es común en este tiempo y su estudio es clave para el desarrollo del líder cristiano. El líder cristiano debe ser una persona sana emocionalmente, pues de otra manera, difícilmente podrá ser capaz de ayudar a otros, este es uno de los puntos principales de este libro. Muchos de los líderes cristianos, mayormente los pastores, se preocupan tanto por ayudar a los demás, que se olvidan de ellos mismos y no buscan la ayuda de otros para sanar sus propias emociones. Así, cuando el líder cristiano tiene problemas emocionales no atendidos, estos problemas sistemáticamente le estarán impidiendo hacer la labor ministerial y le impedirán tener el corazón que Dios quiere.

El miedo, por ejemplo, es una de las emociones que pudo haber encontrado lugar en el líder cristiano. El miedo como sentimiento, es útil; fue diseñado por Dios para avisar al ser humano de un peligro real, para que este tome las medidas necesarias para evitar ser dañado; sin embargo, muchas circunstancias pudiesen no envolver ningún peligro real y tener miedo no solamente es innecesario, sino dañino; así, esta es *una* de las emociones que más está relacionada

con las decisiones que una persona toma y es un factor determinante en su calidad de vida. En esta parte estaré hablando de lo que
dice la Biblia del tema de las emociones, y específicamente en relación con la sanidad emocional, y estaré incluyendo los comentarios
de algunos de los que han escrito atinadamente sobre este tema

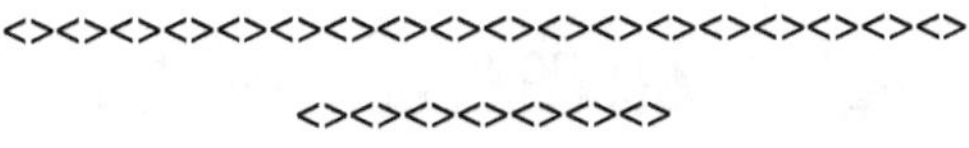

CAPÍTULO I

Cuatro Características de los Emocionalmente Enfermos

Es un hecho que la mayoría de los adultos ha experimentado algún tipo de trauma en el pasado, y es por esa misma razón que los líderes cristianos necesitan ser sanados en sus emociones para poder ser los líderes conforme al corazón de Dios que Él desea. Los líderes cristianos necesitan echar todas sus cargas en el Señor y confiar en el poder del Espíritu Santo para su completa y total sanidad emocional. 1 Pedro 5:7 dice: «echando toda vuestra ansiedad sobre él, porque él tiene cuidado de vosotros».

Betancourt menciona que el conflicto del ser humano está ejemplificado en las historias bíblicas. Al mencionar a Adán y a Eva (además de lo mencionado anteriormente), dice que la historia cuenta que ellos vivían en el huerto del Edén, tierra buena, llena de árboles deliciosos, un lugar en donde ellos no tenían necesidad, dolor o cansancio. Aún más, Adán y Eva no sufrían de ansiedad ni de culpabilidad: «no sabían que estaban desnudos» (Génesis 2:25). No tenían problemas físicos (trabajaban la tierra con alegría) ni conflictos psicológicos o espirituales. Fue en ese lugar en donde Dios les dio la orden de no comer del *árbol de la ciencia del bien y del mal* (Génesis 2:17), y les dijo también que, si lo hacían, ellos morirían.

Cuando Adán y Eva comieron del *árbol de la ciencia del bien y el mal* «sus ojos fueron abiertos» y la primera evidencia que experimentaron de haber conocido el bien y el mal se manifestó en ansiedad y culpabilidad.[12]

Adán fue el primer líder que Dios hizo, y Él lo diseño perfecto, a su imagen y semejanza; sin embargo, fue el mismo hombre quien lo distorsionó todo —y comenzó a cometer error tras error— desde que comenzó a tomar sus decisiones basándose en las emociones y no de su relación con Dios. Y un líder cristiano debe de conocer los principios bíblicos, ser un ejemplo y dar seguridad a la gente que le rodea al modelar su propio bienestar emocional mediante la obediencia a Dios. Es verdad que el ser humano, y claro, todo cristiano, tiene emociones (pues de otra manera dejaría de ser un ser humano); sin embargo, el cristiano debe ir a Dios en oración para que sea el Espíritu Santo quien le imparta la paz y la fe que necesita para vivir, pues la Biblia dice: «Mas el justo por la fe vivirá» (Romanos 1:17), y la fe es contraria al temor.

En este capítulo mencionaré cuatro de las principales características de un líder cristiano emocionalmente enfermo. Estas características no son las únicas, pero sirven para distinguir prontamente a uno cuyas emociones no estén gobernadas por el Espíritu de Dios.

NO SOMETEN SUS EMOCIONES A DIOS

Cuando los pastores y líderes están enfermos emocionalmente no someten sus emociones totalmente a Dios, y pueden estar guiando erróneamente al rebaño del Señor; y eso es exactamente aquello de lo que Dios advierte. Los líderes en esta condición no se dan cuenta ni tienen entendimiento de su necesidad; sin embargo, Dios —en su misericordia— pone las personas idóneas para ayudarles; resta que ellos sean humildes y permitan ser ayudados.

---

[12] Betancourt, 13.

Cevallos y Zorzoli mencionan que es importante conocer bien el uso de los términos *pastores* y *líderes* tanto en el AT como en la cultura de los pueblos del Antiguo Cercano Oriente [de aquellos entonces]; es decir, que los líderes en general, y especialmente los políticos militares, eran llamados *pastores* (Isaías 44:28; Jer. 2:8; 3:15; 10:21; 23:1:6, etc.), aunque no en el sentido del significado y uso estricto que se da a esa palabra en nuestros días. Es decir, que cuando la Biblia (en este contexto histórico-cultural) habla de los pastores, se refiere al liderazgo: aquellos que tenían la responsabilidad de guiar los destinos del pueblo. Un segundo aspecto que se debe señalar es que los textos en que se habla de los pastores en el AT se encuentran en el contexto de un mensaje de esperanza, por lo que es interesante notar que esto ocurre aun cuando el pasaje presenta palabras de juicio. Los pasajes bíblicos siempre terminan enfatizando la confianza en que el Señor será el que los pastoree.[13]

Ahora bien, cuando la Biblia habla de juicio en contra de estos pastores, se asume que ellos estaban emocionalmente enfermos, y de esto nosotros podemos aprender lo siguiente: que, si los líderes no someten sus emociones a Dios, estos podrían estar arrastrando problemas emocionales añejos y estar dañándose a sí mismos y a otros debido al comportamiento derivado de sus emociones enfermas. Por tanto, no existe un líder emocionalmente sano si él o ella no ha sometido sus emociones totalmente al señorío de Cristo.

BUSCAN SU PROPIO BENEFICIO

Otra característica de los líderes cristianos emocionalmente enfermos es que lideran buscando su propio beneficio; y al hacer esto, se imposibilitan para ser un buen ejemplo de vida a otros. Tanto Isaías como Jeremías veían que el rebaño del Señor no estaba siendo disciplinado ni alimentado, sino que los líderes buscaban sus intereses

---

[13] Cevallos y Zorzoli, 298.

personales, como lo menciona también Ezequiel 34: 4, en donde dice: «No fortaleciste las débiles, ni curasteis a la enferma; no vendasteis la perniquebrada, no volvisteis al redil la descarriada, ni buscasteis la perdida, sino que os habéis enseñoreado de ellas con dureza y con violencia». Dios les dijo que el verdadero pastoreo y la forma de amar que Él esperaba de ellos es que lo dieran todo, olvidándose aún de ellos mismos. Tal vez no solo los líderes eran culpables de todo lo que pasaba, pues es evidente que también las ovejas tenían culpa: no meditaban en la ley de Dios; no oraban y se creían todo lo que los engañadores les decían; sin embargo, con todo, estos líderes no eran un ejemplo de vida para ellos, pues quienes se suponía deberían servir de modelo para el bien, eran un modelo para el mal. Por tanto, y debido a esta condición espiritual-emocional, tanto de los líderes como del pueblo liderado, Dios continúa diciendo en Ezequiel 36:26 y 27: «Os daré corazón nuevo, y pondré espíritu nuevo dentro de vosotros; y quitaré de vuestra carne el corazón de piedra, y os daré un corazón de carne. Y pondré dentro de vosotros mi Espíritu, y haré que andéis en mis estatutos, y guardéis mis preceptos; y los pongáis por obra». Dios les habla de una solución definitiva: el cambio de corazón. Dios es poderoso para cambiar el corazón humano, por eso dice que Él vendrá y recogerá sus ovejas perdidas y las pastoreará (Ezequiel 34:1).

Cuando un líder está emocionalmente enfermo no puede si no pensar en sí mismo, en su beneficio personal, pero no se da cuenta que, al hacer esto, el más perjudicado es él o ella mismo, ya que, cuando esto ocurre, su liderazgo se destruye. Su enfoque está en su autoprotección, por tanto, interpreta la realidad desde el punto de vista del yo (¿cómo me afecta? ¿estas personas me están perjudicando? ¿me respetan? ¿cómo gano o pierdo con este liderazgo?, etc.) y al hacer esto su actitud de autoprotección no solo daña, sino aleja a las personas, y su liderazgo se viene al suelo. Se convierte en una persona que no lidera para servir, sino para defenderse, y por ello tiende a controlar. Ve el liderazgo como superioridad, como una oportunidad para tener autoridad y alimentar su ego, pero no se da cuenta que cada acción egoísta daña su influencia y credibilidad, y termina por sembrar temor e incertidumbre en sus liderados y cansarlos hasta que estos se alejan.

NO VIVEN LO QUE PREDICAN

R. Taylor, K. Grider y W. Taylor, dicen que las palabras *emoción* y *emocionalismo* son derivadas del verbo latino «mover», y se refieren a uno de los tres elementos básicos de la vida humana, los cuales son: el pensamiento, el sentimiento y la visión. Estos elementos son funciones del ego y son indispensables para la vida y el ser. Mencionan a Baker, el cual dice que «experimentar emociones es estar consciente de diferencias mayores que las usuales en los continuos cambios de sentimientos que experimenta toda persona normal y sana en estado alerta». También ellos mencionan que las emociones son la fuerza que impulsa al ser humano en la vida.[14]

El emocionalismo puede definirse como la tendencia a cultivar un determinado estado del ánimo; es decir, es la tendencia a considerar las cosas emocionalmente. R. Taylor, K. Grider y W. Taylor mencionan el Diccionario de la Lengua Española, y dicen que la emoción es el «estado de ánimo caracterizado por una conmoción orgánica consiguiente a impresiones de los sentidos, ideas o recuerdos, la cual produce fenómenos viscerales que percibe el sujeto emocionado, y con frecuencia se traduce en gestos, actitudes u otras formas de expresión».[15] Mientras que el intelectual o legalista niega las emociones religiosas, en el extremo opuesto del espectro, la persona emocional, aviva el fuego de los sentimientos hasta que la estructura de los pensamientos y de las acciones morales se debiliten o se destruyan.[16]

---

[14] Richard S. Taylor, J. Kenneth Grider, Willard H. Taylor, *Diccionario teológico beacon* (Kansas City: Casa Nazarena de Publicaciones, 1995), 243.

[15] [Nota]: Esta definición de la RAE, que corresponde al diccionario de 2019, difiere un poco del diccionario más actualizado.

Algunos líderes cristianos suelen pensar que con una actitud posesiva pueden cambiar y dominar a los demás; sin embargo, lo que ocurre es que, al infundir miedo, la gente se aleja de la iglesia en lugar de acercase. Y todo el problema tiene su raíz en que estos líderes no han sanado sus heridas, es decir, no han dejado atrás las cosas viejas del pasado; las continúan cargando; por tanto, no están capacitados para manejar bien sus emociones ni para ser líderes efectivos.

Hay un comentario de Juan Calvino respecto a Hechos 20:18 que da a entender que Pablo no fue impropio al hablar de sus propias virtudes. Es verdad que una de las cosas menos tolerables en un siervo de Cristo es la ambición y la vanidad, pero aquí Pablo no habla dejando a un lado su modestia y humildad como siervo de Dios (pues él era un hombre santo delante del Señor), sino que él quería decir que los líderes deben primero presentarse ellos mismos como ejemplo ante la grey de Dios. En otras palabras, lo que el apóstol Pablo está tratando de decir es que el testimonio del siervo de Dios debe ser ejemplar, pues entonces, y solo entonces, es que podrá estar en buena posición para dar consejos a la gente que los necesite, y estos consejos serán bien aceptados. El siervo de Dios debe vivir lo que predica.

Algunos líderes no comprenden que, ante los ojos de Dios, ellos deben tomar muy en cuenta lo que David escribe en el Salmo 24:4, «¿Quién subirá al monte de Jehová? ¿Y quién estará en su lugar santo? El limpio de manos y puro de corazón; El que no ha elevado su alma a cosas vanas, Ni jurado con engaño». Esto quiere decir que Dios requiere que los líderes tengan manos limpias y corazón puro, que no sean vanidosos ni engañen a nadie; ni mucho menos lo pongan a Él como testigo de sus mentiras.

---

[16] R.S. Taylor, Grider, y W.H. Taylor, *Diccionario teológico beacon*, 243.

NO BUSCAN EN LO SECRETO A DIOS

Por su parte, Baena menciona que el corazón de Dios, en sus más íntimas profundidades, tiene que ver con pensamientos, sentimientos y planes; con un mensaje para todo el cosmos que Él creó, un cosmos en donde Él mismo ha colocado a los seres humanos; en definitiva, tiene que ver con el Logos Divino. La Biblia también se refiere a todo ello como el secreto o los secretos de Dios. Dice el profeta Amós: «Porque no hará nada Yahvé, el Señor, sin revelar su secreto a sus siervos los profetas» (Amós 3:7). Precisamente lo que reprocha Dios a los malos líderes de su pueblo por boca de Jeremías es que viven ajenos a ese secreto: «Si ellos hubieran estado en mi secreto, habrían hecho oír mis palabras a mi pueblo, y lo hubieran hecho volver de su mal camino y de la maldad de sus obras» (Jeremías 23:22).[17]

Las dos referencias al secreto del Señor tienen la misma raíz hebrea, la cual tiene que ver con la palabra *fundamento*. Y es que, en las profundidades de Dios, en su corazón, están los fundamentos del universo y de su relación con los seres humanos. Dios declara la infinita distancia que hay entre las profundidades de su corazón y las del ser humano, entre el corazón de Dios y el del hombre: «Porque mis pensamientos no son vuestros pensamientos ni vuestros caminos mis caminos —declara el Señor. Porque como los cielos son más altos que la tierra, así mis caminos son más altos que vuestros caminos, y mis pensamientos más que vuestros pensamientos» (Isaías 55:8-9 LBLA).[18] Así que, los líderes emocionalmente enfermos se creen autosuficientes y no buscan a Dios en oración, ni invierten suficiente tiempo en fomentar su relación con Dios.

---

[17] José M. Baena Acebal, *Pastores según el corazón de Dios* (Barcelona: Editorial CLIE, 2021), 22-23.

[18] Ibid.

RESUMEN

En este capítulo he hablado de cuatro características que distinguen a un(a) líder emocionalmente enfermo(a). En primer lugar, he dicho que esta clase de líderes no someten sus emociones a Dios, es decir, en sus mentes creen que no tienen ningún problema en esta área de sus vidas, pero al seguir el patrón mencionado por los distintos pasajes bíblicos que hablan del mal comportamiento de los malos pastores, estos deberían someter sus emociones a Dios y buscar sanidad en Él. Ya qué, cualquier líder que no somete sus emociones totalmente al Señor, podríamos decir, está condenado ser un líder emocionalmente enfermo.

En segundo lugar, he dicho que los líderes emocionalmente enfermos buscan su propio beneficio, es decir, estos interpretan la realidad desde el punto de vista del yo, y piensan, no en servir, sino en cuáles son los beneficios personales que pueden obtener con ese liderazgo. Piensan también activando un mecanismo de temor y de autoprotección de ellos mismos, pensando en que los demás les dañarán (así como fueron dañados por otros), por tanto, no muestran vulnerabilidad ni sinceridad completa, ni humildad; antes bien, debido a este mecanismo de autodefensa, tienden a controlar a sus liderados.

En tercer lugar, los líderes emocionalmente enfermos no viven lo que predican. Mencioné primero que las emociones son parte esencial del individuo y que no se pueden evitar en nadie, pero que estas deberían ser encausadas para manifestar integridad en nosotros, es decir, que pongamos en práctica lo que predicamos. He puesto de ejemplo el comentario de Juan Calvino quien dice que Pablo no fue impropio al hablar de sus propias virtudes, y lo hace, no porque él tuviera problemas con su ego, sino porque quiere dejar asentado que los líderes cristianos deben ser ejemplo en todo. Incluso él dijo: «Sed imitadores de mí, así como yo de Cristo» (1 Cor. 11:1).

En cuarto y último lugar, he dicho que los líderes emocionalmente enfermos no buscan en lo secreto a Dios. Menciono que una de las cosas más graves que Dios dice respecto a los malos líderes (los emocionalmente enfermos, dicho en los términos de este libro), no habían pasado suficiente tiempo en el secreto de Dios, es decir, no eran personas de oración; ya que, si lo hubieran sido, hubiera escuchado las instrucciones de Dios para ellos y para sus liderados

CAPÍTULO II
La Naturaleza de la Enfermedad Emocional

Cuando el Señor Jesús estuvo en la sinagoga de Nazaret (la ciudad en donde se había criado) —luego de volver en el poder del Espíritu Santo del desierto— se levantó a leer las Escrituras y leyó: «El Espíritu del Señor está sobre mí, Por cuanto me ha ungido para dar buenas nuevas a los pobres; Me ha enviado a sanar a los quebrantados de corazón; A pregonar libertad a los cautivos, Y vista a los ciegos; A poner en libertad a los oprimidos; A predicar el año agradable del Señor» (Lucas 4:18-19). Al poner suficiente atención en este pasaje se puede ver cómo el Señor se interesa en gran medida por la sanidad emocional del individuo. Él ha dicho que ha venido a «sanar a los quebrantados de corazón»; el mundo de hoy es un mundo de corazones quebrantados, pero Cristo vino a sanarlos. En este capítulo explicaré algunos de los versículos claves que hablan sobre la sanidad emocional, demostrando con ello cómo es que la sanidad emocional es tan importante para Dios.

TIENE RAÍCES PROFUNDAS

Las enfermedades del alma tienen raíces profundas. Cuando los hijos de Israel empezaron a caminar por el desierto, les faltó el agua, habían encontrado un lugar en donde había ciertos manantiales, sin embargo, le llamaron Mara, puesto que las aguas eran amargas y no se podían beber. Ahí, Dios ordenó a Moisés que cortara un árbol y lo echara sobre las aguas. Sucedió entonces, que, al echar el árbol sobre aquellas aguas, las aguas se endulzaron y se hicieron aptas para ser bebidas. Este árbol es tipo del Señor Jesucristo, quien fue «cortado de la tierra de los vivientes» (Isaías 53:8), para que el ser humano tuviese dulzura en el alma.

Dios es el Creador de todas las cosas, incluyendo las emociones humanas; estas pueden ser usadas para bien o para mal. Si son usadas por Dios, las emociones pueden ser herramientas muy poderosas. Ellas están presentes cuando alguno escucha a Dios, y Él puede moverse a través de la ira, el miedo, la felicidad, la tristeza, etc., para hacer su santa voluntad en cada persona. Las emociones están por todas partes en las Escrituras y son parte integral de cada ser humano, es por ello que su estudio es tan importante. De ellas dice Jeremías 17:9-10: «Engañoso es el corazón más que todas las cosas, y perverso; ¿quién lo conocerá? Yo Jehová, que escudriño la mente, que pruebo el corazón, para dar a cada uno según su camino, según el fruto de sus obras». Esto quiere decir, que, si las emociones no están bajo el control del Espíritu Santo, guiarán al individuo a tomar malas decisiones y le llevarán a grandes sufrimientos (incluyendo el sufrimiento mismo del infierno). Toda persona cuya vida no esté siendo guiada por el Espíritu de Dios sufrirá las terribles consecuencias del engaño de las emociones y se alejará del propósito que Dios ha determinado para su vida. Dios quiere la sanidad emocional del ser humano, por esto dice el Salmo 34:18, «Cercano está Jehová a los quebrantados de corazón; Y salva a los contritos de espíritu»; también el Salmo 147:3 dice: «Él sana a los quebrantados de corazón y venda sus heridas». Aunque el estar quebrantado en ocasiones se refiere a una condición de humillación delante del Señor, también puede referirse a la tristeza provocada por los estragos de los problemas, de las relaciones, de las tribulaciones que una persona que ha sufrido en su vida; y de ello Dios desea hacerle libre. Por tanto, la Palabra de Dios también dice: «El Espíritu de Jehová el Señor está sobre mí... me ha enviado... a ordenar que a los afligidos se Sion se les dé gloria en lugar de ceniza, óleo de gozo en lugar de luto, manto de alegría en lugar de espíritu angustiado; y serán llamados árboles de justicia, plantío de Jehová, para gloria suya» (Isaías 61:1-3).

Scazzero declara que los seres humanos, como los icebergs, tienen muchos estratos profundos debajo de su superficie [emocional], y solo el 10% de ellos alcanzan a ser visibles, esa es la única parte en la vida del individuo de la que puede estar consciente. La mayoría de los líderes naufragan o viven de forma inconstante debido a fuerzas y motivaciones que están debajo de la superficie de sus vidas, cosas que nunca han considerado. Scazzero dice que el verdadero horror es lo fácil que se puede permanecer en una cómoda y distorsionada ilusión.[19] Esta última frase se refiere a que el líder cristiano muchas veces puede no estar consciente de que tiene un problema emocional y por consecuencia, no estar haciendo absolutamente nada para solucionarlo. Es consciente del pico del iceberg, y puede pensar que no es algo realmente importante, cuando en realidad tiene un problema gigantesco debajo de la superficie.

La realidad es esta: las personas que rodean al individuo pueden testificar de la clase de persona de la que se trata. Si es un cristiano, quienes viven con él o ella, o los compañeros de trabajo pueden dar testimonio de su vida, si realmente está dando testimonio de Jesús con su vida y palabras; si es realmente luz del mundo y sal de la tierra. Sin embargo, cuando tal persona está enferma emocionalmente no es capaz de dar un buen testimonio, y lo que dice y hace se muestra contradictorio con lo que proclama ser. Así también, cuando una persona es sana emocionalmente tiene el valor y la destreza de amar

---

[19] Scazzero, 77, 78.

maduramente a quienes le rodean. Y de esta manera, al ser vulnerable, demuestra tener fortaleza y su sinceridad y amor protegen su corazón. Respecto a esto, la Biblia dice en Proverbios 4:23: «Sobre toda cosa guardada, guarda tu corazón; porque de él mana la vida»; pero esto no quiere decir —como algunos pudieren pensar— tener un hermetismo en los sentimientos y tratar de protegerse de ser dañado; más bien, la salud emocional significa todo lo contrario: la persona sana emocionalmente ama con toda sinceridad, aunque sabe que puede ser traicionado.

NO COINCIDE CON LA VIDA DE JESÚS

El ejemplo máximo de la plenitud de la salud emocional es Jesucristo mismo. Él fue capaz de lavar los pies de los apóstoles, incluyendo los pies de Judas, sabiendo Él de antemano que este era quien le habría de traicionar.

Jesús lavó los pies de Judas y se muestra humilde; sirve a los demás sin esperar ser servido; y da sin esperar ser retribuido. Se muestra vulnerable, aunque sabe que puede ser herido, no obstante, sigue siendo sincero, y actúa con sencillez de corazón. Como también Filipenses 2:15 dice: «Para que seáis irreprensibles y sencillos, hijos de Dios sin mancha en medio de una generación maligna y perversa, en medio de la cual resplandecéis como luminares en el mundo».

«La clave para una salud mental y emocional está en el individuo mismo», eso es lo que dicen muchos de los profesionales en el mundo moderno. Los consejos humanistas no toman en cuenta a Dios. No es que no tengan algo de razón, sin embargo, la salud emocional no se trata de una simple *manera de vivir*, sino de vivir la vida con la fuerza suficiente para superar las adversidades. Si Dios no es tomado en cuenta para el bienestar propio; entonces, solo se vive para lo temporal, sin una esperanza más allá de la muerte. Sin embargo, Dios tiene los consejos de bienestar, la mejor dirección para el destino terrenal, y la mejor terapia en tiempos de necesidad. La salud emocional tiene que ver con la salud integral; y eso incluye la salud física, la salud mental, y la salud espiritual.

CARECE DE VERDADERO ARREPENTIMIENTO

La enfermedad espiritual encuentra su caldo de cultivo en la falta de arrepentimiento. El enfermo emocional cree constantemente que es una víctima y carece arrepentimiento de sus propios actos. Si bien podría haber sido una víctima de otros, él o ella mismo (a) —debido a su enfermedad emocional— ha estado ofendiendo a otros, a veces incluso sin darse cuenta.

La Biblia dice que el punto de inicio de la sanidad emocional es el arrepentimiento. Y este arrepentimiento es necesario, no solo para los hombres y mujeres considerados más malos de la tierra, tales como los traficantes de personas, ladrones, prostitutas, drogadictos, etc., sino también para aquellos que se supone que están trabajando en la obra de Dios. El profeta Jeremías habla claramente de esta situación.

Jeremías 23:1-2 dice: «¡Ay de los pastores que destruyen y dispersan las ovejas de mi rebaño! dice Jehová. Por tanto, así ha dicho Jehová Dios de Israel a los pastores que apacientan mi pueblo: Vosotros dispersasteis mis ovejas, y las espantasteis, y no las habéis cuidado. He aquí que yo castigo la maldad de vuestras obras, dice Jehová». El profeta Jeremías habla de una clase de pastores que en lugar de apacentar la grey de Dios se dedicaron a dispersar y a espantar a las ovejas; no las cuidaron, y ¿por qué no lo hicieron? ¿Por qué dispersaron el rebaño? ¿Por qué lo espantaron? Porque ellos mismos necesitaban ser ayudados, porque estaban enfermos emocionalmente, ellos mismos no se había *arrepentido*, y no se daban cuenta de ello o no querían aceptar ayuda. Cuando esto sucede, el líder cristiano está en graves problemas no solo con su llamado sino también en todas las esferas de su vida.

De dónde vienen y cómo se superan las enfermedades emocionales son dos preguntas claves para salir del laberinto emocional. Como ya he dicho, las enfermedades emocionales pueden provenir de acontecimiento que tuvieron lugar aún desde etapas tan tempranas como las de la gestación, y su entendimiento puede tornarse complejo; sin embargo, es posible superarlas cuando el individuo es honesto y acepta su responsabilidad personal. Como se puede ver en la historia del hijo pródigo, hubo un momento crucial en su vida, cuando se dio cuenta de que se había equivocado, que debido a su error se había lastimado él mismo (Lucas: 15: 13-19). Así fue, que, cuando el hijo pródigo dejó de lamentar su condición, de culpar a otros y de hacerse la víctima, él alzó los ojos al cielo, se arrepintió de todo corazón y pudo alcanzar la sanidad que él necesitaba. De la misma manera los líderes cristianos tienen que tener una perspectiva equilibrada de su propia vida y reconocer que muchas veces no son dignos de llamarse líderes, ya que no actúan como tales: en lugar de sanar, enferman a las ovejas. Por ello, el primer paso para poder ser sanados emocionalmente y así estar en buena posición para servir a los demás, es reconocer los errores cometidos y arrepentirse de todo corazón delante de Dios.

ES UNA LUCHA ESPIRITUAL

Las emociones comienzan en la mente y en el corazón, y la Biblia indica la importancia de controlar los pensamientos y someterlos a Cristo. 2 Corintios 10:3-6 dice:

Pues aunque andamos en la carne, no militamos según la carne; porque las armas de nuestra milicia no son carnales, sino poderosas en Dios para la destrucción de fortalezas, derribando argumentos y toda altivez que se levanta contra el conocimiento de Dios, y llevando cautivo todo pensamiento a la obediencia a Cristo, y estando prontos para castigar toda desobediencia, cuando vuestra obediencia sea perfecta.

Este pasaje habla de la lucha espiritual que el cristiano sostiene constantemente. El cristiano lucha para mantener su salud emocional, luego de que ha sido sanado emocionalmente en el nuevo nacimiento. Esto quiere decir que el cristiano debe quitar de su mente todo pensamiento que le pueda estar causando dolor; eliminar todo mal pensamiento que viene en contra de lo que Dios enseña en su Palabra, todo pensamiento que le encadena y lo lleva a desobedecer a Jesús. Por lo tanto, el cristiano debe renovarse y sanar sus emociones para no pecar contra Dios, como dice su Palabra en Salmo 119:11 «En mi corazón he guardado tus dichos, para no pecar contra ti».

Orihuela dice que, si el individuo no es capaz de sanar sus heridas, ese verdadero yo nunca tendrá la oportunidad de ser y expresarse: nunca podrá conocerse y no podrá ayudar a otros. Este es un aspecto muy importante de la sanidad emocional ya que es esencial rescatar al verdadero yo. Muchas veces ocurre que la persona permanece atrapada en una personalidad herida, y creo que si se busca ayuda puede cambiar de esa actitud negativa y posesiva que se tiene sin dañar a los demás.[20]

De otra manera, si el cristiano no lucha espiritualmente para mantener la salud de sus emociones, este puede volver a cometer los mismos errores del pasado. Como dice Moisés en Levítico 24:19 «Si un hombre hiere a su prójimo, según hizo, así se le hará»; Jeremías 10:19a dice: «¡Ay de mí, por mi quebranto! Mi herida es incurable» [NVI]; Oseas 6:1 dice también: «Venid y volvamos a Jehová; porque él arrebató, y nos curará; hirió, y nos vendará»; Deuteronomio 32:39b dice: «Yo hago morir y hago vivir. Yo hiero y yo sano». Estos versículos indican que Dios permite que la tribulación y la herida, pero Él mismo es quien, mediante su Espíritu Santo, sana las heri-

---

[20] Orihuela, 17.

das. El Espíritu Santo es tipificado con el aceite, y el aceite fue usado por el Buen Samaritano para sanar las heridas del hombre que se encontró en su camino. Aun si el cristiano fuere dañado de nuevo en sus emociones, este tiene siempre el recurso del Espíritu Santo, para mantener su salud emocional, y vencer en esa lucha espiritual.

TIENDE A REGRESAR Y REQUIERE PERFECCIONAMIENTO CONSTANTE

La Biblia habla de lo grave que resulta la enfermedad emocional en los seres humanos, pero también habla de la solución: el arrepentimiento y la fe; habla del nuevo nacimiento. Habla de que la solución está en Cristo. Él puso el ejemplo de cómo es que vive una persona sana emocionalmente, y equipa a la iglesia con las armas espirituales para vencer en la lucha, pues se trata de una lucha espiritual (como hemos visto en el punto anterior). Sin embargo, por otro lado, Dios trabaja en cada persona de manera distinta, y Él va perfeccionando esta sanidad emocional: Él va puliendo a sus hijos, los va moldeando, hacerlos útiles para toda buena obra (2 Ti. 2:21). Asimismo, dicho de otra manera, cuando se presenta, mediante la gracia de Dios, la salud emocional, se requiere de un perfeccionamiento constante, pues las enfermedades emocionales, tienden a reaparecer.

Hoff menciona que Dios creó a los seres humanos con la capacidad de experimentar emociones: amor, enojo, repugnancia, congoja, temor, culpa, gozo, exaltación y otros sentimientos. Las emociones tienen una parte importantísima en los logros más nobles y útiles del hombre, pero también contribuyen a los actos más trágicos de su vida. Surgen a partir de un estímulo, externo o interno, y afectan el organismo y la conducta de la persona. Precipitan cambios químicos y neurológicos en el cuerpo. También dice que las emociones intensas, tales como la ansiedad, el temor y el enojo, a menudo perjudican la capacidad de una persona para percibir y pensar con lucidez y le son un obstáculo para solucionar sus problemas. Menciona que el temor puede exagerar la gravedad de una dificultad, paralizarlo e impedir toda acción constructiva.[21]

Por tanto, basándonos en el pensamiento de Hoff, las personas que van sanado emocionalmente son capaz de reconocer y aceptar sus emociones sin reprimirlas; entienden su origen, es decir, que los temores, culpas y vergüenza, provienen de ciertas heridas del pasado; no obstante, son capaces de que estas emociones no los dominen ni les impidan tomar decisiones de calidad y no afectan su capacidad para pensar con claridad. Asimismo, responden con sabiduría y no basados en reacciones impulsivas y, finalmente, recuperan la paz interior sin percibir una realidad distorsionada ni exagerada por el miedo o la ansiedad. En otras palabras, no es que dejen de sentir, ni mucho menos que eliminen los recuerdos de esas heridas del pasado, sino que son capaces de convertir esas emociones y recuerdos en aliados. No obstante, todo esto se va logrando paulatinamente y en un proceso, mediante un perfeccionamiento constante; y luego que este proceso de sanidad ha terminado, es necesario continuar manteniendo a raya las enfermedades emocionales que antes les hubieron dominado.

Por otro lado, Cloud menciona que el mundo es un mundo caído, y que todos sus habitantes tienen un déficit en relación a la imagen de Dios, es decir, todo individuo puede ser transformado y crecer a la imagen de Dios, aunque esto no sea cosa fácil. Y esto es verdad porque la Palabra dice que Dios ha prometido que «el que comenzó tan buena obra en ustedes [nosotros] la irá perfeccionando hasta el día de Cristo Jesús» (Filipenses 1:6). También dice que antes de que una persona quiera parecerse más a Dios y de cambiar en Él, necesita echar un vistazo a las cualidades principales del carácter de Dios, cualidades que si se entienden bien se puede llegar hasta el final [de ese perfeccionamiento].[22]

---

[21] Pablo Hoff, *El pastor como consejero* (Deerfield, FL: Editorial Vida, 1981), 181.

[22] Cloud, *Cambios que sanan,* 16.

ES SANADA AL PERMANECER UNIDOS A CRISTO

Cloud habla acerca del *yo* real y del falso *yo*; dice que cuando el *yo* real se prepara para tener una relación con Dios y con los demás, se pone en marcha una dinámica increíble de crecimiento, es decir, se pone en funcionamiento el diseño de Dios para la vida del individuo. Solo cuando uno está conectado con la Cabeza —que es Jesucristo—, y conectado con los demás, como dice su palabra en Colosenses 2:19, entonces estará en posición para crecer como persona y como líder. Este pasaje dice: «Y no asistiendo de la Cabeza, en virtud de quien todo el cuerpo, nutriéndose y uniéndose por las coyunturas y ligamentos, crece con el crecimiento que da Dios.»[23]

Como he venido puntualizando a lo largo de este capítulo, Dios creó al ser humano a su imagen, y las emociones de Dios se revelan en su Palabra; esa es la razón por la que el hombre es un ser emocional: siente miedo, temor, ansiedad, depresión, tristeza; pero también amor, gozo, paz, etc. En ocasiones puede ser positivo, en otras negativo; también sus emociones pueden ser verdaderas o falsas. Si el Espíritu Santo no está en control de las emociones en una persona, entonces esta manifestará las obras de la carne; también puede manifestar emociones de miedo, desespero o enojo. Por tanto, es responsabilidad del cristiano entregarle a Dios todas sus emociones, a fin de que sus decisiones estén basadas en la voluntad de Dios y no en esas emociones. Santiago 1:20 dice: «Porque la ira del hombre no obra la justicia de Dios», esto quiere decir que una persona que actúa o habla mientras está airado no hará la voluntad de Dios.

Las emociones, cuando están sujetas al Espíritu Santo harán la función para la que fueron diseñadas, mientras que, si no lo están, entonces causarán grandes estragos en la vida de una persona y en quienes la rodean.

---

[23] Ibid, 31.

Cevallos y Zorzoli mencionan que el término «heb. *raah*, Strong 7462) en Ezequiel 34 [traducido como *pastores*] significa cuidar, apacentar un rebaño; y dicen que cuando se habla de los pastores en este capítulo se refieren al liderazgo. Estos tenían la responsabilidad de guiar los destinos del pueblo. Dios denuncia a los líderes de Israel como falsos pastores; denuncia el poco cuidado que ellos habían tenido de Su pueblo. «¡Ay de los pastores de Israel, que se apacientan a sí mismos! ¿No apacientan los pastores a los rebaños?» (Ezequiel 34:2); en lugar de apacentar a las ovejas de Israel, ellos se preocupaban por ellos mismos. «Coméis la grosura, y os vestís de la lana; la engordada degolláis, mas no apacentáis a las ovejas» (v.3); ellos comían bien, estaban bien vestidos y bien atendidos por el mismo pueblo sobre el que ellos habían sido puestos para cuidar (Ezequiel 34:1-3). En cambio, Juan menciona las características del buen pastor: «Yo soy el Buen Pastor; el buen pastor su vida da por las ovejas. Mas el asalariado, y que no es el pastor; de quien no son propias las ovejas, ve venir al lobo y deja las ovejas y huye, el lobo arrebata las ovejas y las dispersa» (Juan 10:11-12). Jesús es quién protege a las ovejas de los lobos que destruyen al rebaño. En Ezequiel 34:4 se describe al pueblo, cuyos pastores fracasaron en ministrar a las ovejas débiles, enfermas, heridas, y pérdidas; pero Jesús es el Gran Médico quien sana las heridas espirituales y emocionales del pueblo (Isaías 53:5).[24] Por tanto, si el líder cristiano se mantiene unido a Cristo, no solo será capaz de mantener su propia salud emocional, sino también de servir a otros con eficacia.

Asimismo, en el comentario que hacen Cevallos y Zorzoli de Ezequiel 34:1-10, terminan haciendo énfasis en los versículos 9 y 10: «Por tanto, oh pastores, oíd palabra de Jehová. Así ha dicho Jehová el Señor: He aquí, yo estoy contra los pastores; y demandaré mis ovejas de su mano, y les haré dejar de apacentar las ovejas; ni los pasto-

---

[24] Cevallos y Zorzoli, 125.

res se apacentarán más a sí mismos, pues yo libraré mis ovejas de sus bocas, y no les serán más por comida». Ellos dicen que Jehová habla de un juico contra los líderes, que los pastores habían sido los responsables de la catástrofe que finalmente enfrentó la nación. También resalta la importancia de la responsabilidad de los líderes (pastores) y define sus pecados, también señala dos valores que ellos habían invertido: en lugar de apacentar a las ovejas, buscaban la manera de alimentarse, cuidarse y enriquecerse a sí mismos. El segundo valor que habían intercambiado era que no les interesaba el bienestar del pueblo al que habían sido llamados a servir.[25]

Isaías 56:9-12 dice: «Todas las bestias del campo, todas las fieras del bosque, venid a devorar. Sus atalayas son ciegos, todos ellos ignorantes; todos ellos perros mudos, no pueden ladrar; soñolientos, echados, aman el dormir. Y esos perros comilones son insaciables; y los pastores mismos no saben entender; todos ellos siguen sus propios caminos, cada uno busca su propio provecho, cada uno por su lado. Venid, dicen, tomemos vino embriaguémonos de sidra; y será el día de mañana como este, o mucho más excelente». De estos versículos Mathew Henry comenta que se piden para los pastores irresponsables (hablando de los líderes en general, y en particular de los reyes y maestros del pueblo judío) graves juicios desoladores, severas reprimendas; y esto es aplicable a todas las épocas y lugares. Malo es que un pueblo tenga pastores que dormitan, que andan ociosos por el mundo. «Oremos» —dice Henry— «por el Gran Pastor, que nos mande pastores según su corazón, que nos alimenten con conocimiento, para que podamos regocijarnos en su santo nombre, y que nuevos creyentes sean sumados diariamente a su Iglesia».[26] Únicamente el pastor que se mantiene unido a Cristo, será capaz de pastorear con el corazón del Señor.

---

[25] Ibid, 34.

[26] Matthew Henry, *Comentario de la Biblia* (Miami Florida: Editorial Unilit, 1999), 571.

Carro, Poe y Zorzoli, al comentar sobre Isaías 56:9-12, hablan de las analogías de los centinelas y los perros. Primero hablan de los centinelas, dicen que estos eran puestos en lugares altos y prominentes para poder advertir de los peligros que acechaban al pueblo de Dios; sin embargo, estos era centinelas ciegos. Su ceguera no era una ceguera física, sino una ceguera en el alma: falta de sabiduría y entendimiento (56:10a). Luego menciona una segunda analogía, la de los perros. Los perros deberían estar dotados de una inteligencia especial para entender a su amo, a las ovejas y a las circunstancias; no obstante, estos líderes no prestaban ningún servicio, estaban mudos (como amordazados) y sí eran comilones insaciables (56:10b, 11a). Ambos, los centinelas ciegos y los perros pastores que no ladran, se apartan tras sus propios caminos, cada cual va tras su propio provecho (56:11b), ellos encubren su indolencia e ineficiencia con banquetes de licor.

Con estas analogías el profeta alude a los dirigentes espirituales del pueblo. Los centinelas son los profetas (compárese con Ezequiel 3:16-21) y los perros son los educadores y políticos. Con esta clase de dirigentes y guías espirituales se ha generado una sociedad injusta e inmoral. El profeta desesperadamente considera los extremos que ocasionan que los justos perezcan y los piadosos sean eliminados. Es en esta situación —comentan ellos— que los que andan en rectitud no puedan anhelar otra cosa que la paz de la tumba (57:1-2).[27]

RESUMEN

En este capítulo he hablado de algo de aquello que caracteriza la enfermedad emocional. En primer lugar, he mencionado que las enfermedades emocionales no son algo superficial, sino que tienen raíces profundas. En el apartado correspondiente he mencionado lo escri-

---

[27] Daniel Carro, Jose T. Poe y Ruben O. Zorzol, *Comentario Bíblico Mundo Hispano Tomo 10 (Isaías)* (El Paso, TX: Editorial Mundo Hispano, 2009), 233-234.

to por Peter Scazzero, quien dice que los problemas emocionales son como un iceberg, del cual solo se ve la punta, pero bajo el agua está una problemática real mucho mayor.

En segundo lugar, he dicho también que una manera de detectar las enfermedades emocionales es al analizar el comportamiento de una persona, la cual no coincide con la vida y comportamiento de Jesús. En este apartado, aunque no he ido al detalle de la vida de Jesús particularizando sus emociones, he invitado al lector a hacer su propio análisis, brindando algunos detalles interesantes sobre este importante tema.

En tercer lugar, la enfermedad emocional persiste mientras no existe un arrepentimiento real en el individuo enfermo. La falta de ese arrepentimiento será en sí una característica de que existe una enfermedad emocional subyacente.

En cuarto lugar, he dicho que las enfermedades espirituales deben de verse como una lucha espiritual, una lucha contra la carne y contra satanás, quien pugna por mantenernos atados a un pasado de heridas y dolor, sin disfrutar del presente y futuro glorioso que solo está en Jesús.

En quinto y último lugar, he dicho que la única manera de vencer —y mantener verdaderamente vencidas— las enfermedades emocionales es permaneciendo unido (a) a Jesús, el Hijo de Dios.

En el capítulo siguiente estaré hablando de los fundamentos teológicos de la sanidad emocional.

CAPÍTULO III
Fundamentos Teológicos de la Sanidad Emocional

*L*os temas psicológicos en los líderes deben ser debidamente analizados, pues enfatizo en este libro que los problemas de este tipo se han intensificado en esta generación, y han permeado, inclusive, a los líderes eclesiásticos. No obstante, si esto ocurre, estos líderes necesitan obtener su sanidad emocional primero, y esta sanidad está íntimamente ligada a lo espiritual. Es necesario que el líder cristiano se preocupe por él mismo, para satisfacer sus necesidades personales. Como dice Hechos 20:28, «Por tanto, mirad por vosotros, y por todo el rebaño en que el Espíritu os ha puesto por obispos...». Cuando el líder es sanado, cuando mira por él mismo, entonces estará en posición para ayudar a otros a discernir el bien y el mal, y serán muy pocos los que abandonarán la iglesia, ya que la gente verá un cambio de actitud en él o ella.

En este capítulo veremos algunos fundamentos teológicos para que esta sanidad de los lideres cristianos de la que estoy hablando pueda tener lugar.

CUANDO EL CONOCIMIENTO TEOLÓGICO NO ES SUFICIENTE

Todo lo que Dios ha creado es para el bien del ser humano si se usa debidamente, y el conocimiento que Él ha compartido con los seres humanos puede ser útil y ser usado para su bien, y de esto abundan ejemplos en la vida diaria moderna. Por tanto, en este respecto, el ser humano participa con Dios para su gloria, siempre y cuando reconozca su dependencia de Él y le dé gracias. Dicho lo anterior, aunque la psicología es una rama del estudio de las ciencias sociales, y el cristiano podría auxiliarse de algunos de sus conocimientos para su propio beneficio, desde luego, toda idea debe de analizarse debidamente y compararse con el conocimiento supremo, es decir, el conocimiento de la Palabra de Dios, la Biblia. Es por ello que en este libro hago uso de ese conocimiento para entender cosas dentro del comportamiento humano que la Biblia no dilucida explícitamente.

Respecto a esto, Polischuk dice que la mayoría de los sistemas cristianos integrativos toman en cuenta solo segmla necesidad de otros entos de la gran variedad de tópicos, temas y asuntos teológicos. En especial, la psicología apela a los elementos de la antropología bíblica-teológica sin abarcar los aspectos de la Cristología, la escatología y muchos otros temas. También menciona que en general, las iglesias evangélicas están más abiertas a la integración de la teología en las ciencias sociales y las humanidades que a incorporar la psicología y retener lo bueno de esta disciplina, utilizando los recursos que ofrece con sabiduría para el bien de las congregaciones.[28]

Dicho lo anterior, el conocimiento bíblico y de algunos aspectos de la psicología moderna son herramientas útiles para que los líderes cristianos desarrollen bien su ministerio; sin embargo, si estos líderes no están sanos emocionalmente, este conocimiento no será suficiente. Existe el caso de líderes de iglesias evangélicas y líderes cristianos en general, que pudieren estar preparados tanto en conocimientos bíblicos como en algunos aspectos científicos, pero que no son capaces de ayudar debidamente a otros en sus necesidades emocionales

---

[28] Polischuk, 41, 66.

debido a que sus sentidos están cegados ante el sufrimiento ajeno. En este sentido, Carro, Poe y Zorzoli comentan sobre el pasaje de Isaías 56:10-11 en donde dice:

> Sus atalayas son ciegos, todos ellos ignorantes; todos ellos perros mudos, no pueden ladrar; soñolientos, echados, aman el dormir. Y esos perros comilones son insaciables; y los pastores mismos no saben entender; todos ellos siguen sus propios caminos, y cada uno busca su propio provecho, cada uno por su lado.

Carro, Poe y Zorzoli dicen que Dios había puesto centinelas para proteger al pueblo de los peligros que venían contra ellos, pero que estos pastores eran ciegos, faltos de entendimiento, porque cada uno se apartaba tras su propio camino y buscaba su beneficio personal. Estos líderes no advertían al pueblo porque estaban ciegos ante la necesidad de otros.[29]

UN USO APROPIADO DEL CONOCIMIENTO TEOLÓGICO PARA LA SANIDAD EMOCIONAL

Muchas veces es difícil para un líder darse cuenta de su propia necesidad emocional, y por consecuencia, no pide ayuda. En este respecto, Scazzero habla de la urgencia de diagnosticar a los líderes emocionalmente, y menciona algunos ejemplos de este diagnóstico. Dice del caso de uno que tenía 22 años de ser cristiano, pero que, durante todo ese tiempo fue 22 veces un cristiano de un año, es decir, continuaba cometiendo los mismos errores una y otra vez. Habla también de una chica que dejó de ir a la iglesia argumentando que los cristianos eran seres humanos muy malos. Scazzero responde al comentario de uno de sus lectores, el cual afirmaba que el título de su libro es contradictorio y dice que el problema estriba en el uso de las verdades bíblicas, pues si la Palabra de Dios se usa indebidamente puede, inclusive, ser usada para dañar aún a las relaciones más cerca-

---

[29] Carro, Poe y Zorzol, 232.

nas; además, si este es el caso, de esta manera se obstruye el trabajo de Dios, el cual quiere transformar a las personas desde las profundidades del iceberg.[30] [El iceberg se refiere a la portada de su libro. De ello comenta que lo que se ve de los problemas emocionales de una persona solamente es un pequeño porcentaje de lo que realmente es].

El cometario de Scazzero es muy actual, ya que existe multitud de personas —y de entre ellos, muchos líderes— que no utilizan la Biblia correctamente. Estos extraen algunos versículos y los aplican a su modo, buscando satisfacer deseos meramente personales, pero no dirigidos por Dios, ni actúan bajo el tenor general de las Escrituras. Por tanto, otra vez, el conocimiento bíblico es necesario, pero este debe de usarse adecuadamente.

El diablo mismo citó las Escrituras, pero el Señor Jesucristo le recordó que existen mandamientos y principios de Dios que gobiernan, de los cuales todo lo demás está supeditado. Los fariseos usaban la Biblia también para condenar, pero Jesús les recuerda un principio mayor: «El día de reposo fue hecho por causa del hombre, y no el hombre por causa del día de reposo» (Mr. 2:27). De igual manera Jesús también les dijo: «¡Ay de vosotros, escribas y fariseos, hipócritas! porque diezmáis la menta y el eneldo y el comino, y dejáis lo más importante de la ley: la justicia, la misericordia y la fe. Esto era necesario hacer, sin dejar de hacer aquello» (Mt. 23:23). Jesús nos enseña con esto que existe mandamientos y principios rectores en las Escrituras, que manifiestan la intención general de Dios (aunque no se debería ignorar nada en la Escrituras, pues toda es inspirada por Dios).

---

[30] Peter Scazzero, 23.

LA TEOLOGÍA APLICADA A LA SANIDAD EMOCIONAL IMPLICA UN CAMBIO EN EL ALMA

Podríamos decir que algunos que se autoproclaman cristianos todavía no han tenido un cambio de actitud, y se pasan la vida, dentro de su «cristianismo», cargando cosas de la vida vieja, y nunca sanan emocionalmente. No nos detendremos a juzgar la sinceridad de su caminar con Cristo, pues esto es algo personal; no obstante, 2 Corintios 5:17 lo dice claramente: «De modo que si alguno está en Cristo, nueva creatura es; las cosas viejas pasaron; he aquí todas son hechas nuevas». Este es el fundamento de la sanidad emocional, la nueva creación en Cristo Jesús.

Por otro lado, si acaso existen cristianos que viven aun en la vida pasada, de ellos podríamos decir, como dice el apóstol Pablo, que estos han *recibido en vano la gracia de Dios*. 2 Corintios 6:1 también dice: «Así, pues, nosotros, como colaboradores suyos, os exhortamos también a que no recibáis en vano la gracia de Dios».

La Palabra de Dios nos enseña que una persona que está en Cristo es diferente —pues ha sido hecho una nueva creatura—, y los líderes cristianos deben dar testimonio de esta nueva vida en Cristo, de manera que nadie pueda señalarles y decir que son malos cristianos. Algunos, sin embargo, hacen lo que bien les parece e ignoran la gracia de Dios, como dice el Apóstol. Estos son líderes ineptos para cuidar debidamente de la grey del Señor y terminan frustrados; pues en lugar de sustentar la grey del Señor, crucifican de nuevo a Jesús y le hacen llorar (Juan 11:35).

Orihuela dice que el cuerpo emocional es nuestra parte más instintiva, impulsiva, irracional, sensorial y simbiótica. Esta es la parte de nuestro ser que busca satisfacer sus necesidades de manera un tanto animal, casi desde la supervivencia.[31] Algo a lo que Paul D. Maclean ha llamado, *cerebro repitiliano*.[32] Respecto a esto, podemos decir que

---

[31] Orihuela, 25.

[32] P. D. MacLean, *The Triune Brain in Evolution: Role in Paleocerebral Functions* (New York: Plenum/ Springer, New York, 1990), 43.

la tendencia del ser humano es a reaccionar de inmediato sin medir las consecuencias, esto es, actúa según su vida *natural*, y no según la vida regenerada de aquel que está en Cristo. Sin embargo, aquel que ha nacido de nuevo y permanece en el Señor controla sus impulsos. Por ejemplo, la Biblia dice: «Todo hombre sea pronto para oír y tardo para hablar» (Santiago 1:19), y esto quiere decir que el hombre o mujer que está en Cristo es capaz de controlar sus emociones sin ofender a los demás, pues actúa según la nueva naturaleza que tiene en Cristo Jesús, y no para meramente satisfacer su ego.

LA TEOLOGÍA BIEN UTILIZADA TRAE SABIDURÍA EMOCIONAL

La Biblia dice que debemos llevar nuestras emociones en oración a Dios con súplicas y ruegos (Filipenses 4: 6-7); y Él ciertamente guardará nuestros corazones y pensamientos, si nos acercamos a Él con fe.

Observemos los siguientes versículos bíblicos: «Humillaos, pues, bajo la poderosa mano de Dios, para que él los exalte cuando fuere su tiempo» (1 Pedro 5:6). «Porque cualquiera que se enaltece, será humillado; y el que se humilla, será enaltecido» (Lucas 14:11). «Ustedes son como ovejas y los estoy enviando a meterse donde están los lobos. Sean prudentes como serpientes e inofensivos como palomas» (Mateo 10:16, NBV). «Donde no hay dirección sabia, caerá el pueblo; mas en la multitud de consejeros hay seguridad» (Proverbios 11:14). Si observamos con detenimiento estos versículos encontraremos que estos hablan de la sabiduría emocional del pastor y de todo siervo de Dios. Por tanto, podríamos decir que la sabiduría espiritual es también sabiduría emocional, y la sabiduría espiritual constituye el fundamento de la sanidad emocional.

Asimismo, Calvino dice que cuando el apóstol Pablo da instrucciones a los ancianos de Éfeso y dice: «Vosotros sabéis cómo me he comportado entre vosotros todo el tiempo, desde el primer día que entré en Asia» (Hechos 20:18), Pablo les está exhortando —

poniéndose él mismo como ejemplo— a que cumplan fielmente con su deber. Porque la doctrina y la exhortación no tienen autoridad alguna si el maestro no prescribe nada que él mismo no haya hecho antes.[33] Dicho lo anterior, el pastor debe ser sabio y prudente. Si realmente quiere educar a alguien, debe primero vivir lo que predica. El apóstol Pablo lo menciona en el libro de Hechos, que los pastores deben ser ejemplo del rebaño.

UN BUEN FUNDAMENTO TEOLÓGICO TRAERÁ DESCANSO EMOCIONAL

Las emociones involucran ciertos procesos psicológicos muy complejos y difíciles de explicar. Respecto a ello, la Asociación Americana de Psicología (APA) dice que el bienestar emocional se refiere al reconocimiento, expresión, y a la manera [adecuada] de manejar los sentimientos de manera que puedan contribuir [positivamente al bienestar humano].[34]

Este punto de vista de la Asociación Americana de Psicología respecto a las emociones es útil; pero, ¿Cómo los sentimientos puede contribuir a nuestro bienestar? Para contestar a estar pregunta podríamos considerar cómo es que los sentimientos *no* contribuyen a nuestro bienestar. En general, podríamos decir que la mayoría de las personas no alcanza a entender que las emociones mal administradas pueden perjudicar, no solo su bienestar integral y sus relaciones con los demás, sino aun —como ya lo he dicho antes— su salud física [pueden llegar a lastimar el cerebro; los riñones (con el miedo); el hígado (con el enojo); el estrés daña corazón, y la tristeza destruye los sentimientos].[35]

---

[33] Juan Calvino, Julio C. Benitez, trad., *Una perentoria advertencia a los pastores* (Medellin: Julio C. Benitez, 2018), cap. 1, edición Kindle.

[34] Department of Public Health of Massachussets, "Bienestar emocional", Department of Public Health of Massacussets, 2023. https://www.mass.gov/service-details/bienestar-emocional

[35] Ye-Seul Lee, Yeonhee Ryu, Won-Mo Jung, Jungjoo Kim, Taehyung

Dicho lo anterior, todo cristiano debe entender que en Cristo él es una nueva creatura, y que no debe cargar más las cosas del pasado. La teología cristiana dice que el que ha nacido de nuevo descansa en Dios y ya no va por la vida cargando los problemas que tuvo, ni los problemas de otros, y vive día a día confiando en que Dios tiene cuidado de Él. Este se apodera de las promesas de Dios y hace suyo ese versículo que dice: «Echando toda vuestra ansiedad sobre él, porque él tiene cuidado de vosotros» (1 Pedro 5:7), y ese otro que dice: «Venid a mí todos los que estáis trabajados y cargados, y yo os haré descansar» (Mateo 11:28-30).

A lo largo de esta parte he estado repasando lo que la Palabra de Dios explica respecto al significado de la *transformación integral* del ser humano; esto, a la par con lo que otras fuentes bibliográficas relacionadas con el tema también aportan. Las emociones juegan un papel determinante en muchos de los procesos de la vida, y su análisis requiere grandes conocimientos de psicología; sin embargo, en este libro solo hago un análisis introductorio, a fin de obtener la información que sirva y sea útil para entender mejor el tema aquí tratado. Es decir, cómo es que los lideres eclesiásticos de hoy pueden ser sanos de sus problemas emocionales a fin de tener la capacidad de servir al Señor y a la iglesia desarrollando todo su potencial. Se puede mencionar respecto a esto, por ejemplo, que lo vivido en la pandemia del COVID-19 fue un elemento detonador de los sufrimientos emocionales que la sociedad padece, e hizo evidente la necesidad de tener líderes cristianos emocionalmente sanos. Este es el único camino para servir con excelencia a los demás.

En su teoría, Cloud menciona que muchos buscan respuestas que funcionen, y al no encontrarlas dentro de la iglesia, se vuelcan a

---

Lee, Younbyoung Chae, "Understanding Mind-Body Interaction from the Perspective of East Asian Medicine", *Evidence-Based Complementary and Alternative Medicine*, vol. 2017, Article ID 7618419, 6 pages, 2017. https://doi.org/10.1155/2017/7618419. [Accesado 3/29/2023].

la psicología. Con frecuencia dice que los métodos psicológicos son exitosos y la gente que sufre encuentra alivio.[36] No obstante, sabemos que la solución definitiva no está en la psicología, sino en la Palabra de Dios; y solo ella podrá darnos el descanso que necesitamos.

UNA TEOLOGÍA ADECUADA TRAE UNA PERSPECTIVA CORRECTA DEL PRÓJIMO

La teología de la sanidad emocional, no solo tiene que ver con la salud de las emociones del individuo, sino con una correcta perspectiva del prójimo. Cuando una persona no ha sanado emocionalmente, este factor también afecta su comportamiento respecto a los demás; es decir, se ve imposibilitado para ayudar a las personas que se encuentran a su alrededor. Por ejemplo, Ezequiel 16:49 dice: «He aquí, esta fue la iniquidad de tu hermana Sodoma: Orgullo, abundancia de pan y despreocupada tranquilidad tuvieron ella y sus hijas. Pero ella no dio la mano al pobre y al necesitado» [RVC]; y en su comentario sobre este versículo, Cevallos y Zorzoli dicen que el escritor sagrado sorprende al presentar los pecados de Sodoma desde una perspectiva distinta a la que se presenta en otros pasajes bíblicos. De acuerdo a Génesis 19, Sodoma se asocia con prácticas inmorales, pero el texto de Ezequiel pone énfasis en otros tipos de pecados: orgullo, abundancia de pan y despreocupada tranquilidad; y lo remata diciendo que no dio la mano al pobre y al necesitado, en otras palabras, presenta los pecados sociales más que los morales.[37]

El líder cristiano que no está sano emocionalmente no es capaz de mostrar el amor del que habla Pablo en el libro de Romanos, en donde dice «Amaos los unos a los otros con amor fraternal; en cuan-

---

[36] Henry Cloud, *Cambios que sanan* (Miami, Florida: Editorial Vida, 2003), 15.

[37] Cevallos y Zorzoli, 156.

do a honra, prefiriéndoos los unos a los otros» (Romanos 12:10); es decir, no ayuda al que verdaderamente lo necesita, sino que, lastimosamente, se concreta a ayudar a aquel que está en su círculo (y a veces ni a estos). Es muy interesante este versículo de Ezequiel 16:49 porque expone el pecado de Sodoma, no   en términos de inmoralidad sexual, sino como orgullo, manipulación y maltrato del prójimo. Esto es precisamente lo que se presenta en líderes emocionalmente enfermos. Así, que otro de los fundamentos teológicos de la sanidad emocional es la aplicación de la regla de oro en el trato con el prójimo y del amor a este, tal como lo dice Dios: «Amarás a tu prójimo como a ti mismo».

Cevallos y Zorzoli también comentan más adelante el pasaje de Jeremías 23:1, en donde dice: «¡Ay de los pastores que destruyen y dispensan las ovejas de mi rebaño! dice Jehová». Ellos dicen: «La responsabilidad del pastor es cuidar al rebaño. Como se ha visto, este fue un término usado para los líderes, especialmente para los reyes, y su cuidado del pueblo. Así, el ay es para todos los pastores que no habían cumplido fielmente con esta responsabilidad, sino que habían dispersado y echado a perder al rebaño».[38]

Lo que Jeremías dice es que muchos han sido puestos para ocupar un lugar de autoridad, pero no saben cómo cuidar del rebaño que Dios les ha entregado. ¿Por qué? Porque muchos no están verdaderamente preparados, ni discipulados para guiar a otros. Muchos de ellos no están interesados en ejercer verdaderamente el pastorado, sino que aceptan el puesto para conseguir un lugar en la vida y ser aceptados; esa es la razón por la que no saben cómo hacer bien a los demás, porque no han sanado sus corazones. El rebaño le pertenece a Cristo, pues Él es la Cabeza y la Piedra Angular de la iglesia y del

---

[38] Ibid, 175.

rebaño, así lo dicen las Escrituras. Respecto a esto John Piper también dice: «Dios no busca personas que trabajen para Él, sino personas que le permitan a Él obrar poderosamente en ellas y mediante ellas».[39]

Polischuk dice que, partiendo desde un punto de vista bíblico, el ser humano es: 1) creado; 2) ha experimentado la caída desde un estado o condición original con consecuencias negativas; 3) ha sido redimido, dándosele la oportunidad de recuperar el intento original y actualizar las potencialidades para las cuales ha sido creado. También menciona que las Escrituras no son un tratado de biología, ni tampoco de psicología, sociología o antropología. Lo revelado no trata de comprobar algo empírico ni tampoco un análisis metafísico de la realidad humana. Tal revelación trata de la situación humana problemática y su resolución positiva de parte del Creador. Las Escrituras revelan la verdad proporcional y narrativa acerca de la creación, la caída, la redención y la restitución del ser.[40]

Está claro que el fundamento de la salud emocional es Dios mismo, Él es el único que puede resolver todo problema emocional en la vida humana. Y para ello, para que Él actúe, ha dado al hombre un libre albedrío, el cual le permite tomar decisiones y hacer conciencia de su propia necesidad de sanidad emocional. Así es como, al ser quebrantado, arrepentirse y pedir ayuda al Todopoderoso, el ser humano es sanado por Él, y entonces será capaz de comprender, soportar y sufrir las frustraciones de los demás, y dejar de ser indiferente ante la necesidad ajena. No obstante, también es parte de la bondad de Dios que existan profesionales que ayuden al individuo en su lucha por recuperar esa tan esencial salud en la vida humana.

---

[39] John Piper, *Hermanos no somos profesionales* (Barcelona: CLIE, 2010), 55.

[40] Polischuk, 66, 69.

RESUMEN

En este capítulo hemos estado viendo cuáles son los principios directrices teológicos y bíblicos de la sanidad emocional. Empecé explicando que el conocimiento teológico no es por sí solo lo que garantiza una salud emocional, pues existen un número de líderes cristianos que poseen grandes conocimientos teológicos, pero que aún están enfermos emocionalmente.

Consecuentemente a lo anterior, dije también que cuando se tiene suficiente conocimiento bíblico y teológico, es necesario emplear adecuadamente este conocimiento, pues es fácil que los líderes sean desviados a prácticas que tengan como base algunos pasajes bíblicos —usados erróneamente— con el fin de perseguir fines egoístas y legalistas. En esa sección expliqué que existen mandamientos y principios divinos directrices de los cuales depende todo lo demás. Los mandamientos, por ejemplo, Jesús los resumió en dos: «Amarás al Señor tu Dios con todo tu corazón, y con toda tu alma, y con toda tu mente y con todas tus fuerzas... [y] a tu prójimo como a ti mismo» (Mr. 12:30-31). Por tanto, la salud emocional, desde un punto de vista teológico es usar la Biblia adecuadamente.

En este capítulo también hablé de que la sanidad emocional está íntimamente ligada a una sabiduría espiritual, y luego hablé de otra de las pruebas de la sanidad emocional en el individuo: el descanso del alma.

Por último, enfaticé que la sanidad emocional no solo tiene que ver con el bienestar del individuo sino con una correcta perspectiva del prójimo. En este apartado mencioné que una persona que no ha sido sanada en sus emociones se verá imposibilitada a ayudar adecuadamente a las personas que se encuentran a su alrededor, y puse como ejemplo el pasaje de Ezequiel 16:49.

En el capítulo siguiente hablaré de cómo la Biblia aborda las emociones positivas y negativas presentes en los seres humanos.

CAPÍTULO IV

Marco Teológico de las Emociones Positivas y Negativas

Es también parte del marco teológico del tema de la sanidad emocional las emociones positivas y negativas. No porque realmente existan como tales (pues he puntualizado que las emociones en sí tienen un carácter neutro), sino porque existen emociones que coinciden más con *acciones* o *reacciones* negativas y otras que coinciden más con *acciones* o *reacciones* positivas. Si se realiza este análisis, se podría dar un diagnóstico de la sanidad emocional, ya que la presencia de estas emociones gira en torno al período de la niñez, y son emociones que continúan afectado al individuo hasta la edad adulta. Por tanto, esas emociones pueden ser de tal naturaleza, que causen enfermedad, sufrimiento, depresión, ansiedad, etc. en un individuo. Es por ello que las emociones, en este sentido, son positivas o negativas. Evidentemente, si las emociones son negativas, es imperativo que exista una sanidad emocional en el líder antes de que pueda convertirse en un líder conforme al corazón de Dios.

Estoy totalmente convencida de que la Iglesia de hoy necesita líderes que acepten que tienen un problema emocional, a fin de que puedan ser sanados, y así convertirse en obreros útiles y fieles a Jesús. Pues de otra manera, su condición emocional podría dañar a la

Iglesia. Ya qué, solo los líderes emocionalmente sanos serán capaces de ser útiles y trabajar efectivamente para presentar a la esposa del Cordero tal como lo dice Efesios 5:27 «A fin de presentársela a sí mismo, una iglesia gloriosa, que no tuviese mancha ni arruga ni cosa semejante, sino que fuese santa y sin mancha».

EMOCIONES POSITIVAS

En Gálatas 5:22-23 se encuentra un conjunto de emociones positivas a las que Dios llama el fruto del Espíritu. Este fruto del Espíritu consiste en amor, gozo, paz, paciencia, amabilidad, bondad, fidelidad, humildad y dominio propio. Por otro lado, las obras de la carne representan emociones negativas (celos, arrebatos de ira, etc.) y el pasaje dice que los que manifiestan las obras de la carne no heredarán el reino de Dios (vv. 19-21). El fruto del Espíritu lo produce el Espíritu y es una prueba de que el Espíritu de Dios está presente y en operación en la vida del cristiano; este fruto hace que la vida sea placentera, y quien lo manifiesta, hace la vida placentera a quienes le rodean también.

Colosenses 3:12-14 también expone la necesidad de que los cristianos hagan uso de la misericordia y la mansedumbre, perdonando y tratando todos los días a los demás como a ellos les gustaría ser tratados, y amando a todos como Jesús los ha amado a ellos también.

Cloud y Townsend, hablan acerca de los límites y dicen que estos ayudan a demarcar una propiedad para cuidarla. También ayudan a «cuidar nuestros corazones con toda diligencia». Es necesario, p. ej., almacenar los nutrientes dentro de ciertos linderos y mantener fuera aquello que sea perjudicial. En suma, los límites ayudan a mantener lo bueno por dentro y lo malo por fuera. Protegen los tesoros (Mateo 7:6) para que nadie los robe. Conservan las perlas adentro y a los cerdos afuera. Sin embargo, una persona puede tener lo malo por dentro y lo bueno por fuera.

Luego menciona que Dios respeta los límites de varias maneras, primero otorga a cada uno el trabajo que solo él o ella puede realizar. Dios permite que los suyos experimenten las dolorosas consecuencias de su propia conducta para hacer que él o ella cambie, pues Él no quiere que nadie perezca, ni se goza en su destrucción (2 Pedro 3:9; Ezequiel 18:23); Él quiere que el ser humano cambie para su propio bien y para la gloria de Dios.[41]

Las emociones positivas también se pueden gozar siempre y cuando exista perdón. El Dr. Marty Harris opina que el perdón es uno de los ejercicios más importantes [en la vida humana] y se presenta o no dependiendo de la manera en que el individuo piensa, siente o se comporta. Perdonar es detener y renunciar a cualquier resentimiento o sentimiento negativo hacia un ofensor. Elegir no perdonar esencialmente compromete no solo la integridad (en términos de salud mental y emocional), sino también la santidad. Uno no puede amar, compartir, dar e invertir de manera total en las relaciones y en uno mismo cuando no se implementa el perdón.[42]

Todos los líderes cristianos deben perdonar para ser perdonados. Los líderes cristianos no pueden guardar rencores, pues de esa manera se convertirían en piedra de tropiezo para los demás; eso no viene de Dios. Normalmente las personas que guardan resentimientos y hablan mal de los demás tienen en mente no quedar ellos mismos como culpables, y así ser aceptados por las personas. Esto sucede cuando las heridas del pasado en una persona no han sido sanadas.

---

[41]Henry Cloud & John Townsend, *Boundaries: When to Say Yes, How to Say No to Take Control of Your Life* (Grand Rapid, MI: Zondervan, 1992), 36, 270.

[42] Marty Harris, correo electrónico al autor, octubre 23, 2022.

EMOCIONES NEGATIVAS

Las emociones negativas son aquellas que impiden al ser humano disfrutar de las bendiciones y del amor de Dios. Ellas obstruyen el camino que le permite ver y disfrutar de las bellas bondades que el ser humano recibe de su Creador cada día, desde las más pequeñas hasta las más grandes; también le impiden avanzar hacia el propósito que tiene en Cristo Jesús. Por ejemplo, Dios le ordenó a Josué que no tuviera miedo, Él le dijo: «Mira que te mando que te esfuerces y seas valiente; no temas ni desmayes, porque Jehová tu Dios estará contigo dondequiera que vayas» (Josué 1:9); y le dijo eso porque el miedo es un sentimiento inhibidor; una de las emociones más fuertes que el ser humano puede tener. El temor es también un sentimiento que detona la ira, hace que el individuo acumule resentimientos y tenga arrebatos que conducen a situaciones graves. Moisés también habló de este sentimiento dañino cuando los espías volvían de reconocer la tierra prometida; el temor fue lo que hizo que ellos se revelaran contra Dios mismo, y fue lo que les impidió entrar en la tierra prometida, aun y cuando Dios ya les había dicho que ese era un regalo de su parte para ellos (Deuteronomio 31:6-8). De igual manera, el temor puede impedir que el cristiano tome mucho de la herencia que el Señor ha reservado para él o ella. Las emociones están permeadas por la naturaleza caída que el hombre ha recibido de Adán; están manchadas por una naturaleza pecaminosa; por tanto, estas emociones necesitan ser controladas. La Biblia dice que el cristiano necesita ser controlado por el Espíritu Santo (Romanos 6; Efesios 5:15-18; 1 de Pedro 5:6-11), y no por las emociones. Gálatas 5:16 dice que el que ha nacido de nuevo debe decidir vivir en el Espíritu, y no seguir los deseos de la naturaleza pecaminosa.

Scazzero hace mención de una experiencia personal. Dice que Él era pastor principal de una iglesia, pero que deseaba escapar o disertar de ella, eso es a lo que él llama: «espiritualidad emocionalmente enferma». En su opinión, él mismo estaba emocionalmente enfermo, por ello, en su libro, él establece diez síntomas que denotan que un individuo sufre un caso grave de espiritualidad emocionalmente enferma:

1. Usa a Dios para huir de Dios.

2. No hace caso de los sentimientos de ira, tristeza y miedo.

3. Cede ante las cosas malas.

4. Niega el impacto que el pasado tiene en el presente.

5. Divide la vida entre «laica» y «sagrada».

6. Hace para Dios en lugar de estar con Dios.

7. Excluye el conflicto de la espiritualidad.

8. Disimula la angustia, la debilidad y el fracaso.

9. Vive sin tener límites.

10. Juzga el viaje espiritual de otras personas.

Cuando habla de usar a Dios para huir de Dios, él dice que este es el caso cuando una persona hace cosas de carácter cristiano, pero utiliza estas actividades para huir del sufrimiento. Dice que él mismo inventó una gran cantidad de «actividades para Dios», mientras ignoraba áreas problemáticas de su vida, áreas que Dios quería transformar. Menciona algunas conductas como ejemplos: «Cuando hice cosas que Él nunca me pidió que hiciera en su Nombre; cuando oraba para que Dios hiciera mi voluntad y no para que se hiciera la suya; cuando demostré "una conducta cristiana" para que las personas importantes pensaran bien de mí; cuando usé la verdad de su Palabra para juzgar y menospreciar a otros; cuando exageré mi cumplimiento con Dios para competir sutilmente con otros; cuando me remitía de forma selectiva a ciertas verdades bíblicas (las que me venían bien a lo que yo quería) mientras evitaba otras que me obligaban a hacer cambios significativos en mi vida»; entre otros ejemplos.

Cuando Sccazero habla del segundo punto de las señales de la espiritualidad emocionalmente enferma —ignorar los sentimientos de ira, tristeza y miedo— dice que muchos cristianos reprimen y no externan sus sentimientos, porque en la iglesia les han enseñado que la manifestación de tales sentimientos *per se* son pecado. Que la ira en todas sus formas obedece a pecados; que sentir tristeza o miedo son señales de falta de fe, etc. Sin embargo, dice que estos son sentimientos humanos, y que no sentirlos es contrario al diseño de Dios. Dice también que lo correcto es lidiar con esos sentimientos; así él se preguntaba a sí mismo: «Pete, ¿por qué estas enojado? Así que esta persona te mintió y te engaño. Dios está en su trono. Pero recuerda que a Jesús también le mintieron y le engañaron. Deja la ira, Pete». Agrega que la fe es el resultado de la voluntad; es decir, la pregunta importante aquí es esta: ¿elegiré basar mi fe en la Palabra de Dios o seguiré mis sentimientos e inclinaciones carnales?

El tercer punto que menciona Sccazero habla de la renuncia a las cosas malas. Dice que algunos creen que la desdicha es algo deseable; citan a Jesús cuando dijo: «Si alguno quiere venir en pos de mí, niéguese a sí mismo, tome su cruz cada día, y sígame» (Lucas 9:23) para privarse del disfrute de las cosas buenas que Dios ha dado al ser humano (incluyendo al cristiano) para que él o ella las disfrute, tales como la amistad, la alegría, la música, la belleza, la recreación, la risa y la naturaleza.

En el cuatro punto de Sccazero —negar el impacto que tiene el pasado en el presente—, habla de que algunos, cuando se convierten a Cristo, y saben que han nacido de nuevo (Juan 3:3), y que son ahora nuevas creaturas, que las cosas viejas pasaron (2 Corintios 5:17), quieren olvidar lo que vivieron en el pasado absolutamente; sin embargo, dice que en realidad es necesario volver al pasado para ser liberados de conductas enfermas y destructivas (heredadas de los padres) que impiden al cristiano amarse a sí mismo y a otros, tal como es el propósito de Dios.

Hablando del quinto punto, Dividir la vida en «laica» y «sagrada», dice que algunos no pueden reconocer la presencia de Dios en sus vidas porque dividen los tiempos con Dios como «sagrados», mientras el resto de la vida como «laica», de esta manera, los cristianos no dan testimonio con sus vidas (en medio de la sociedad en que se desenvuelven) de que son distintos al resto.

El sexto punto de Sccazero habla de hacer cosas para Dios en lugar de estar *con* Dios. Es decir, cuando el cristiano deja de deleitarse en Dios y en lugar de eso se dedica a hacer cosas para Él. Dice que debe haber un equilibrio entre el hacer cosas para Dios y estar con Él (solo por deleitarse en Él).

«Excluir la espiritualidad del conflicto» es el punto siete. En este Sccazero habla que muchos tienen la tendencia a evitar los conflictos y no afrontarlos debidamente. Él dice: «Cuando me convertí en cristiano, en mi propia familia yo era el gran "pacifista": hacía lo que fuera necesario para que la unidad y el amor continuasen fluyendo tanto en la iglesia como en mi matrimonio y mi familia». Sin embargo, dice que Jesús enseña que los cristianos sanos no evaden el conflicto. ¡La vida de Jesús estaba llena de conflictos! Pero los enfrentó con sabiduría.

En el octavo punto de Sccazero, *Disimular la angustia, la debilidad y el fracaso*, dice que el rey David, un hombre conforme al corazón de Dios, no escondió su pecado con Betsabé, sino incluso escribió un salmo de su fracaso para que se cantara en las reuniones. Pablo también habla de sus propias debilidades y agradeció a Dios por ellas. La Biblia no le saca la vuelta a los defectos y debilidades de sus héroes.

Cuando Sccazero habla del noveno punto de su lista él dice que algunos quieren hacer tanto por los demás que se olvidan de ellos mismos. Dice que Jesús mismo no curó a todos los enfermos que había en Palestina, que no resucitó a todos los muertos, no alimentó a todos los mendigos, ni creo centros de trabajo para los pobres de Jerusalén. En otras palabras, Jesús mismo vivió conforme a sus límites. Algunos cristianos piensan que ocuparse de ellos mismos es pecado.

Sccazero termina hablando de aquellos que juzgan el viaje espiritual de otras personas. Menciona a uno de los monjes de los Padres del Desierto, el cual dijo: «Si estás ocupado con tus propios errores, no tendrás tiempo para mirar los de tu prójimo». Dice que existe un gran peligro en hacer grupos excluyentes: el superior, el de los fariseos (quienes decían obedecer las órdenes de Dios) y el inferior, el de los pecadores, los recolectores de impuestos y prostitutas. Dice también que al no dejar que las personas sean ellas mismas ante Dios y que se muevan a su propio ritmo, se proyecta inevitablemente sobre ellos inconformidad, tan solo por su elección de llevar una vida diferente. Menciona a Jesús cuando habló de sacar primero la viga del ojo propio antes de intentar sacar la paja del ojo del hermano. Sccazero dice: «Debo ver el gran daño que el pecado ha hecho en cada parte de lo que soy —las emociones, el intelecto, el cuerpo, la voluntad y el espíritu— antes de intentar sacarle la astilla del ojo a mi hermano (véase Mateo 7:1-5)». [43]

Creo que desde el momento que una persona piensa que conoce perfectamente a otra, es cuando comienza el problema con ella. Siempre hay áreas en alguien que no se conocen, que están vedadas para los demás (incluso para con los que tiene mayor intimidad); se trata de vivencias que desencadenan actitudes y comportamientos. De esto siempre es necesario estar consciente y no juzgar a los demás.

Santiago 1:20 dice: «Porque la ira del hombre no obra la justicia de Dios». Esto quiere decir, que cuando las emociones están fuera

---

[43] Scazzero, 24-36.

del control del Espíritu, no serán para honrar a Dios, sino todo lo contrario. La Palabra de Dios es clara respecto a esto, que el cristiano debe estar bajo el control del Espíritu Santo, pues cuando esto sucede, entonces se mantendrá alejado del pecado. Romanos 6:1 dice: «¿Perseveraremos en pecado para que la gracia abunde?» La respuesta a esta pregunta es obvia: ¡por supuesto que no! También en Efesios 5:6-11 el Apóstol exhorta a la Iglesia del Señor a no permitir que nadie le engañe con palabras vanas, ya que, si se deja engañar y cae en pecado, la ira de Dios vendrá contra él o ella por haberse convertido en un hijo/hija desobediente. También dice que el cristiano no debe participar en el pecado, porque antes era tinieblas, mas ahora es luz, y el Apóstol exhorta a la Iglesia a ser hijos de luz. Muchos de los pecados que las personas cometen se deben al manejo indebido de los sentimientos. Asimismo, 1 Pedro 5:6-11 dice:

> Humillaos, pues, bajo la poderosa mano de Dios, para que él os exalte cuando fuere tiempo; echando toda vuestra ansiedad sobre él, porque él tiene cuidado de vosotros. Sed sobrios, y velad; porque vuestro adversario el diablo, como león rugiente, anda alrededor buscando a quien devorar; al cual resistid firmes en la fe, sabiendo que los mismos padecimientos se van cumpliendo en vuestros hermanos en todo el mundo. Mas el Dios de toda gracia, que nos llamó a su gloria eterna en Jesucristo, después que hayáis padecido un poco te tiempo, él mismo os perfeccione, afirme, fortalezca y establezca. A él sea la gloria y el imperio por los siglos de los siglos. Amén.

En este pasaje se habla de la gracia de Dios, que la gracia de Dios es la que libra al cristiano de las garras del adversario el diablo; que, aunque sea necesario sufrir por algún tiempo, Dios dará a sus hijos un final dichoso: perfeccionamiento, firmeza, fortaleza y plantación en un lugar bien establecido. No obstante, la victoria depende de la fe, de que el cristiano le dé oportunidad a Dios para que sea Él, mediante su gracia, quien le sane emocionalmente. Que sea Él quien sane su corazón; y esto mayormente en el caso de los líderes cristianos, porque si ellos han sido llamados por Dios para tratar con personas, ellos deben tratarlas a ellas como Dios les ha tratado a ellos. Creo que todo aquel que ha decidido aceptar el llamado de Dios no puede vivir como el mundo, sino, habiendo salido él mismo o ella misma del mundo, enseñe a los demás a hacer lo mismo, pues de otra manera, estará creando comunidades emocionalmente enfermas. A ellos Dios ha dado el regalo de tener gente a su alrededor con quien compartir sus propias cargas al tiempo que les ayuda a ellos con las suyas. Todo líder debe reconocer sus propios errores y dejarse ayudar por Dios y por los demás; pues si alguien viene con él y le señala alguna falta, y este dice: «Aquí yo soy el líder», entonces esto será señal de que está permitiendo que sus emociones lo controlen, cosa que a la postre será destructiva para la grey del Señor, pues la Biblia dice: «Humillaos, pues, bajo la poderosa mano de Dios».

El cristiano no debería permitir que sus emociones lo controlen; pero tampoco puede negar que existen o que estas están presentes de una manera u otra en su vida. Las emociones fueron puestas por Dios con un propósito, y por ello el cristiano debería siempre vivir agradecido; pues la emociones que están bajo el control del Espíritu Santo siempre serán de ayuda y bendición para él o ella. Así, habiendo recibido de Dios el Espíritu Santo, y el fruto del Espíritu (Gálatas 5:22-23), el cristiano tiene la responsabilidad de renovar su mente en las cosas espirituales, tal y como lo dice Romanos 12:1-2: «Así que, hermanos, os ruego por las misericordias de Dios, que presentéis vuestros cuerpos en sacrificio vivo, santo, agradable a Dios, que es vuestro culto racional. No os conforméis a este siglo, sino transformaos por medio de la renovación de vuestro entendimiento, para que comprobéis cuál sea la buena voluntad de Dios, agradable y perfecta». El poder del Espíritu Santo es una maravillosa gracia que Dios otorga al cristiano para vivir una vida de victoria en contra de los impulsos de las emociones negativas, y este poder es renovado día a día mediante la meditación de las Escrituras y una vida de comunión con Dios. Cada cristiano necesita el impulso diario de los principios bíblicos, y crecer en el conocimiento de Dios al pasar tiempo meditando en su Palabra.

Respecto a las emociones, García dice que estas se pueden clasificar en positivas, cuando van acompañadas de sentimientos placenteros y significan que la situación es beneficiosa (como lo son la felicidad y el amor); negativas, cuando representan expresiones desagradables derivadas de una situación de amenaza, como lo son la ansiedad, la ira, la hostilidad, la tristeza, el asco; y neutras (como la esperanza y la sorpresa). Las emociones se clasifican además según la respuesta que brinda el sujeto como de alta o baja energía.

Caballero habla de cómo dejar de pensar negativamente, y dice que hay pensamientos negativos crónicos, tales como la depresión, la ansiedad y otros trastornos similares, y que estos están en aumento en todo el mundo. Dice que, según la Asociación de Ansiedad y Depresión de América, 40 millones de adultos en los EE.UU. se ven afectados. Y esta estadística solo se refiere a los casos crónicos. De ese número, muchos son cristianos. Es más, la Biblia misma dice que la mente es un campo de batalla; un campo en que el cristiano tiene que luchar diariamente. De ello, Filipenses 4:8 dice: «Por lo demás, hermanos, todo lo que es verdadero, todo lo honesto, todo lo justo, todo lo puro, todo lo amable, todo lo que es de buen nombre; si hay virtud alguna, si alguna alabanza, en esto pensad». Romanos 12:21 también dice: «No seas vencido de lo malo, mas vence con el bien el mal». Asimismo, Romanos 13:14 dice: «Revestíos de Jesucristo, el Señor, y no fomentéis las desordenadas apetencias de la humana naturaleza» (BLP).

---

[44] J.A. Retana García, "La educación emocional, su importancia en el proceso de aprendizaje". *Revista Educación vol. 36, núm 1*, 2012, 3.

Continua Caballero diciendo que los cristianos que confiesan la soberanía de un Dios todopoderoso, tienen en Él el antídoto contra los pensamientos negativos, pues dicen las Escrituras en Romanos 8:28 «Ahora bien, sabemos que Dios dispone todas las cosas para el bien de quienes lo aman, los que han sido llamados de acuerdo con su propósito» (NVI). El cristiano aprende a vivir un día a la vez, y a tratar con cada problema uno a la vez, confiando en que Dios le ayudará a que algo bueno salga aun de la peor tragedia. Cuando el pensamiento del cristiano es principalmente negativo, ansioso o dudoso, es un signo de que el mundo y su sistema está fluyendo con mayor fuerza en él que su fe en Dios.[45]

Ceballos y Zorzoli, al comentar sobre Jeremías 23:2, dicen que el pastor tiene una responsabilidad grande, y al no cumplirla, todo el rebaño sufre; sea un rebaño de ovejas o el rebaño que representa a toda una nación. Más adelante, Jesús habla de sí mismo como el Buen Pastor que da su vida por las ovejas y las protege del enemigo. Él habla también del «asalariado», el que no tiene interés ni compromiso especial para cuidar del rebaño (lea Juan 10:1-18). Esta es una buena descripción de estos reyes, quienes, construyéndose casas de cedro y adorando ídolos, habían abandonado a Jehová y el cuidado de su pueblo. Ellos serán castigados.[46]

La Biblia habla de emociones negativas que el cristiano debe controlar y de emociones positivas que debe cultivar. Además del temor, otra de estas emociones negativas es la ira. Proverbios 16:32 dice: «Mejor es el que tarda en airarse que el fuerte; Y el que se enseñorea de su espíritu, que el que toma una ciudad». El Espíritu Santo ayuda al cristiano a controlar sus emociones, y cuando Él está en control, estas también estarán bajo control. En ocasiones la ira es necesaria,

---

[45] Caballero, 86-87, 88.

[46] Ceballos y Zorzoli, 175.

como el mismo Cristo en algunas ocasiones manifestó ira, y se puede observar la ira de Dios en muchas porciones de la Biblia; sin embargo, si la ira manifestada no es algo realmente justificable, y si esta se prolonga más del tiempo estrictamente necesario, esta puede ser un elemento emocional destructivo. Es de todos sabido de una persona que, cuando da rienda suelta a su ira, termina diciendo y haciendo cosas de las cuales luego se arrepiente; por eso, es muy importante tener el dominio propio, cosa que es un distintivo de todo aquel que camina en el Espíritu.

Algunas personas llaman a una persona «fuerte de carácter» cuando el tal es colérico, pero esto más bien es señal de debilidad, como lo dice el pasaje de Proverbios 16:32. Por otro lado, también la Biblia describe a aquel que no puede controlar sus emociones de la siguiente manera: «Como ciudad derribada y sin muro Es el hombre cuyo espíritu no tiene rienda» (Proverbios 25:28). Por cierto, también otro proverbio habla de una manera en que se puede mitigar la ira: «La cordura del hombre detiene su furor, Y su honra es pasar por alto la ofensa» (Proverbios 19:11). Esto quiere decir que siempre es prudente conservar la calma y no asumir nada como un hecho hasta primero no haber realizado una investigación minuciosa; y también, el hombre de Dios y mujer de Dios perdonarán cualquier ofensa recibida, esto además de ser otra distinción del cristiano que camina unido a Cristo, es una expresión de sabiduría.

Otra de las emociones negativas que causan grandes daños en el individuo es el rechazo. Orihuela dice que la herida del rechazo tiene su origen en el vientre materno y en los primeros años de vida; es un sentimiento de hostilidad que el bebé y el niño pequeño puede percibir (aunque de ello los adultos no se den cuenta). Este autor comenta que cuando una persona llega a este mundo es bastante vulnerable y receptiva, tanto, que es imposible que no sienta cualquier expresión de hostilidad dentro de su entorno, y esto va desde la respiración hasta la manera en que se adapta fuera del vientre materno.[47] Un bebé, desde que está en el vientre, es capaz de percibir información tanto positiva como negativa, y cuando va creciendo, su personalidad se basará en esta información. Si esta información es negativa, él o ella podría ir abrazando sentimientos negativos tales como ira, enojo, rencor, miedo, etc. hasta el momento en que él o ella es capaz de construir su propia personalidad. Si cuando era bebé y niño fue rechazado, todo lo usa después para defenderse, para manipular, para abusar de otros, para dar lástima (a fin de ser aceptado por distintos grupos); él o ella piensa que este es el camino para ser un buen líder. Cuando una persona no conoce bien a Jesús este comete grandes errores y no entiende esta parte de la vida, pues no se da cuenta de que «Dios no rechaza a su pueblo» (Romanos 11:1). En otros pasajes dice también que Dios no hace acepción de personas (Hechos 10:34; Romanos 2:11; Gálatas 2:6; Efesios 6:9). Así, la persona que se siente rechazada demuestra también ante los demás aquello que trata de esconder en su corazón.

RESUMEN

En este capítulo estuve hablando de las emociones positivas desde un punto de vista teológico y bíblico. Empecé hablando de las emociones positivas y dije que estas son expresiones que se relacionan profundamente con el fruto del Espíritu, cuyo resultado es la paz con Dios y con el prójimo. Todo aquel líder que es sano emocionalmente, mediante el Espíritu de Dios, manifestará el fruto del Espíritu en su vida, sus palabras y acciones.

En la segunda parte de este capítulo me extendí más hablando sobre las emociones negativas. En ese espacio mencioné parte de las

---

[47] Orihuela, 53, 54.

ideas de Scazzero respecto a diez síntomas que denotan que un individuo sufre un caso grave de espiritualidad emocionalmente enferma. Asimismo, hablé de algunas ideas de otros autores sobre el mismo tema y expliqué algunas de estas emociones.

En el siguiente capítulo, el cual será el último de esta Parte Uno, estaré ejemplificando el tema de los líderes emocionalmente sanos de entre los mencionados en la Biblia. Me centraré en cuatro de ellos. En David, en Job, en Elías, y hablaré, por supuesto, de nuestro amado y bendito Salvador Jesucristo.

CAPÍTULO V
Ejemplos de Personajes Bíblicos Emocionalmente Sanos

En este capítulo estaremos viendo algunos rasgos importantes de cuatro personas mencionadas en la Biblia de las cuales tenemos suficiente información para asegurar que eran personas emocionalmente sanas. Puesto que ya hemos hablado sobre algunos rasgos típicos de las enfermedades espirituales y del respaldo de algunos versículos bíblicos que hablan sobre ello, y de que la salud emocional es tipificada en las Escrituras con el estigma de una sabiduría espiritual y del fruto del Espíritu, y de una correcta actitud para con el prójimo, ahora en este capítulo veremos en acción esto que se ha mencionado para ejemplificar su efectividad.

En la Palabra de Dios tenemos un buen ramillete de este tipo de personas, quienes, debido a su especial consagración y cercanía con Dios, dejaron huella para bien para todas las generaciones. Estos fueron gente de Dios de los cuales se han escrito libros enteros; tal es el caso de David, de Job, y de Elías. Hablaré también —al final de este capítulo—, de la persona más importante de todas, del Señor Jesucristo, nuestro bendito Salvador y Dios. De cómo Él es nuestro ejemplo máximo de sanidad emocional.

DAVID COMO EJEMPLO DEL PASTOR EMOCIONALMENTE SANO

El capítulo 34 del libro de Ezequiel habla de las responsabilidades de los líderes cristianos. En esa ocasión, el Señor comparó a los líderes con pastores que cuidaban (o deberían cuidar) a las ovejas que le pertenecen a Él. Mientras que en Juan 10:14 Jesucristo dijo de sí mismo que Él era el Buen Pastor. Juan 10:14 dice: «Yo soy el buen pastor; conozco a mis ovejas, y ellas me conocen a mí, así como el Padre me conoce a mí y yo lo conozco a él, y doy mi vida por las ovejas» (BLP). Es así que, al leer minuciosamente todo el capítulo de Ezequiel 34, se puede observar como el Señor dice que Él mismo será el Pastor de sus ovejas (vv.11-16), en tanto Él llama a sus líderes *malos* debido a lo que ellos habían hecho con su pueblo (vv. 7-10 ff).

Keil y Delitzsch dicen que la promesa de la salvación que ha de llegar para la nación de la alianza —después del juicio— comienza con el anuncio de que el Señor librará a Israel de la mano de los malos pastores que solo se han alimentado a sí mismos y han destruido el rebaño, y añade que Él, Él mismo como Dios, se hará cargo de su rebaño, que lo reunirá, lo alimentará y lo dirigirá hacia buenas praderas, protegiendo a las ovejas débiles de las fuertes, de manera que a través de su siervo David, Él ofrecería seguridad y bendición a todo el rebaño (Ezequiel 34: 1-10). David es puesto por Dios como el arquetipo del pastor o líder emocionalmente sano.

También comentan que el Señor establecería a su siervo David como pastor sobre su rebaño, haría un pacto de paz con su pueblo, y bendeciría a la tierra con su riqueza, de manera que Israel pudiera habitar en ella con seguridad, y no ser destruida ya más, ni por el hambre, ni por caer derrotada delante de sus enemigos; entonces Israel reconocería a Yahvé como su Dios (Ezequiel 34:23-31). La amenaza contra los malos pastores forma simplemente el punto de partida para la promesa, en la que se afirma que el rebaño, que ha caído en la miseria por los malos pastores será reunido y pastoreado por el Señor y por su siervo David, a quien Yahvé establece como príncipe sobre su pueblo. Dicho todo esto, esta profecía es una profecía de salvación para Israel.[48]

Y David es reconocido por Dios como un líder emocionalmente sano porque:

1. *Estaba plenamente consciente de sus emociones*: En los salmos, David escribe sin enmascarar o ignorar sus emociones. Él no se muestra como uno hombre inquebrantable e invencible, sino como uno que llora, que gime, que siente tristeza y amargura, como uno que se enoja y que tiene la tendencia a la venganza, pero también uno que reconoce el poder de Dios para dominar esas emociones.

2. *Deposita sus emociones en Dios*: mientras que Saúl fue un líder movido por la envidia, y actuó sin tomar en cuenta a Dios, movido solamente por la carne, David llevaba sus emociones a Dios. Si sentía algo contrario a la voluntad de Dios se arrepentía, y pedía consejo a Dios para actuar, no conforme a lo que sintiera en ese momento, sino conforme a la voluntad de Dios.

3. *David estuvo dispuesto a reconocer sus errores públicamente*: antes de justificarse y excusarse, David fue capaz de reconocer sus errores públicamente y decir: «He pecado contra Jehová» (2 Sam. 12:13).

4. *David cuando fue empoderado, actuó con humildad*: David, como la mayoría de los reyes que son encumbrados, podría haberse llenado de prepotencia y orgullo. Podría haberse rebelado contra Dios mismo y actuar independiente de Él. Sin embargo, la vida de David fue una vida de dependencia de Dios, y mostró humildad en todo momento con sus semejantes. Podríamos decir que la vida de David fue una vida de oración y acercamiento a Dios casi en todo momento de su vida.

---

[48] C.F. Keil y F. J. Delitzsch, *Comentario al Texto Hebreo del A.T., Ezequiel* (Barcelona: Editorial CLIE, 2018), 413-415.

5. *David fue capaz de manifestar perdón*: muchos de los líderes, ejercen el poder movidos por el rencor, y arremeten con represalias en contra de sus ofensores. Pero David no actuó con venganza. En las ocasiones que él tuvo a Saúl en sus manos, le perdonó la vida.

6. *No tomaba decisiones basándose en sus emociones*: Aunque David fue un hombre profundamente apasionado, sabía disociar las emociones de lo racional. Nunca tomó una decisión en base meramente a emociones, sino era al mismo tiempo un hombre eminentemente racional e inteligente.

7. *Supo apreciar el dolor personal*: David puso en su debido sitio los procesos de sufrimiento de Dios sin desesperarse ni renegar. Él supo aceptar las disciplinas impuestas por Dios para su vida con madurez, paciencia y esperanza de redención y liberación. Él dijo: «Hubiera yo desmayado, si no creyese que veré la bondad de Jehová en la tierra de los vivientes» (Sal. 27:13).

JOB, EL LÍDER QUE PREVALECIÓ

Job es identificado en la Biblia como un hombre que padeció un gran sufrimiento. En su libro se lee lo que sucedió con él, lo que él dijo de sí mismo y de Dios, y lo que dijeron sus amigos (o supuestos amigos) de él y de Dios también. Y de esto, Dios da testimonio, pues la Biblia dice: «Y aconteció que después que habló Jehová estas palabras a Job, Jehová dijo a Elifaz temanita: Mi ira se encendió contra ti y tus dos compañeros; porque no habéis hablado de mí lo recto, como mi siervo Job» (Job 42:7). Por tanto, lo que dijo Job de Dios es lo correcto, mientras que lo que de Él dijeron sus amigos no es «lo recto de Él».

No obstante, y las enormes cualidades de Job para mantenerse en Dios a pesar de todo lo que sufrió, hubo momentos de gran desaliento. Incluso, hubo un momento en que él maldijo el día en que nació (Job 3:1-13). Job es un ejemplo de las emociones humanas; es normal que en momentos de angustia y gran dolor el cristiano manifieste temores, angustias, y desolación. Sin embargo, Job fue capaz de tener palabras de fe y esperanza y dijo: «Yo sé que mi Redentor vive, Y al fin se levantará sobre el polvo; Y después de deshecha esta mi piel, En mi carne he de ver a Dios» (Job 19:25-26).

ELÍAS, UN LÍDER QUE EXPERIMENTÓ DEPRESIÓN

En más de una ocasión los cristianos escuchan que la depresión no es para ellos. Se dice que la angustia es algo que no debe existir en lo absoluto en ninguno que ha sido lavado con la sangre de Jesús. No obstante, Jesús mismo sintió angustia (Marcos 14:33), y del apóstol Pablo se dice lo mismo (2 Corintios 6:4). Con todo, el cristiano emocionalmente sano sabe responder adecuadamente a esos momentos.

Al hablar de este tema, es posible que muchos hagan memoria de Elías. Elías fue un hombre realmente extraordinario. Un hombre, tan poderoso en Dios, que fue capaz de hacer descender fuego del cielo. Sin embargo, por el otro lado, cuando fue amenazado por una mujer —por Jezabel— huyó, y se refugió en una cueva. Solo y abandonado ahí, cayó en una depresión tan terrible, que aun llegó al punto de pedirle a Dios que le quitara la vida. Este ejemplo que se encuentra en la Biblia es el ejemplo típico del ser humano, quien, aun estando lleno del Espíritu Santo, puede en ocasiones pasar por momentos álgidos. Lo sorprendente del caso es que Dios no condenó a Elías, ni lo castigó por su incredulidad. Dios le tuvo paciencia, y le dio trabajo para hacer. Dios es poderoso para sacar de la angustia y de la depresión a cualquier de sus hijos e hijas.

JESÚS, EL EJEMPLO MÁXIMO DEL PASTOR EMOCIONALMENTE SANO

Keil y Delitzsch también mencionan que los comentaristas discuten la identidad de los malos pastores de cuya tiranía quiere salvar Dios al pueblo. Ya que los pastores se les llamaba a todos aquellos que ejercen el cargo de líderes del pueblo, gobernantes, sacerdotes y profetas, «todo el cuerpo de las personas oficiales encargadas de la dirección de la nación». Esto se prueba, dicen, no solo por la idea bíblica del pastor que (probablemente como distinto del puro maestro teórico) es alguien que dirige y gobierna (Jeremías 23:1-8). En esa línea, los pastores son reyes y príncipes más que sacerdotes y profetas, en contra de los cuales profetizó Ezequiel 34:9 en adelante.[49]

En contraste con estos pastores de los que habla Ezequiel, el pasaje de Juan capítulo 10 habla del Buen Pastor. Jesús mismo se identifica a sí mismo como el Buen Pastor, como haciendo alusión al pasaje de Ezequiel 34, y cumpliendo en Él mismo la profecía bíblica de que Dios daría a su pueblo un Pastor conforme a su corazón. ¿Y en qué consiste el pastoreo de Jesús? Definitivamente esta es una pregunta cuya respuesta es muy extensa; sin embargo, uno de los aspectos que se trata seguidamente en las Escrituras es el aspecto de las preocupaciones humanas. La Biblia dice que el cristiano debe llevar sus preocupaciones a Dios en oración. Como se establece en Filipenses 4:6-7, llevar las preocupaciones a Dios permite que venga al cristiano la paz y dirección divinas que este necesita. 2 Corintios 10:5 concuerda con Filipenses 4:6-7 y alienta a los creyentes a rechazar cualquier cosa que contravenga al conocimiento de Dios (emociones usadas negativamente) y a abrazar el liderazgo y el juicio de Jesús (usando las emociones positivamente). Dejarse pastorear por Jesús básicamente consiste en que el cristiano someta sus emociones a Dios. Las emociones y los sentimientos, si no están sometidos a Dios, muy frecuentemente deformarán el sentido de lo correcto e incorrecto, y moverán a una persona a adoptar una posición que lastime a quienes son inocentes; es decir, lo hará adoptar ideas y tomar medidas que no concuerdan con el amor de Dios, el cual existe en aquellos que están unidos a Cristo.

---

[49] Ibid.

Las emociones del individuo están ligadas a lo que desea o necesita (o piensa que necesita), así que, cuando este siente que no puede satisfacer esos deseos y necesidades, tiende a actuar y a tomar decisiones que pueden no ser las mejores (y en muchos casos se trata de decisiones equivocadas).

En Jeremías 23:2 la Biblia dice: «Por tanto, así ha dicho Jehová Dios de Israel a los pastores que apacientan a mi pueblo: Vosotros dispersasteis y ahuyentaste mis ovejas, y no os ocupasteis de ellas. He aquí que yo me ocuparé de vosotros por la maldad de vuestras obras, dice Jehová»; y respecto a este versículo Ceballos y Zorzoli comentan:

> [Aquí] Él enfatiza la relación especial que tiene con ellos. Había entregado la responsabilidad de cuidar a su pueblo a los reyes, pero estos se habían ocupado en sus propios intereses egoístas y habían despojado al rebaño. Como resultado, Dios les dice que va a castigarlos. Puesto que ellos no se ocuparon de las ovejas, entonces ahora Dios va a ocuparse de castigarlos por sus malas obras.[50]

En contraste con ello, Jesús se entrega por las ovejas: «Yo soy el buen pastor; el buen pastor su vida da por las ovejas» (Juan 10:11). Mientras los pastores que describe el AT son pastores egoístas y emocionalmente enfermos, Cristo Jesús, el pastor emocionalmente sano, da su vida por ellas, y se entrega por ellas. Por ello, mientras el pasaje de Jeremías habla de juicio contra los malos pastores, de Jesús dice: «Por tanto, yo le daré parte con los grandes, y con los fuertes repartirá despojos» (Isaías 53:12).

RESUMEN

En este capítulo hemos dado un repaso al ejemplo de cuatro líderes emocionalmente sanos. En primer lugar, hablé de David, quien fue

---

[50] Ceballos y Zorzoli, 175.

un hombre conforme al corazón de Dios. Un hombre, quien, aunque hubo un tiempo cuando su vida estuvo desviada del plan perfecto del Señor, mostró en general al menos siete características que denota en él un líder emocionalmente sano.

De David, mencioné lo siguiente: 1) Que estuvo plenamente consciente de sus emociones; 2) que depositó sus emociones en Dios; 3) que estuvo dispuesto a reconocer sus errores aun públicamente; 4) que actuó con humildad aun cuando Dios lo hubo encumbró; 5) que fue capaz de perdonar y no actuar con rencores; 6) que no tomó decisiones en base a sus emociones; y , 7) que supo apreciar el dolor personal como parte de los procesos y disciplina de Dios.

También hablé respecto a Job, el cual fue un líder íntegro delante de Dios. Que a pesar de todo el sufrimiento que experimentó fue capaz de mantenerse fiel a Dios y no renegar de Él. Job fue capaz de hablar lo recto respecto a Dios, pero no ocultó sus emociones ni maquilló lo que sentía en los momentos de gran dolor. Incluso, mencioné que hubo un momento en que maldijo el día en que nació.

En tercer lugar, mencioné a Elías. Quien fue un hombre de Dios, un líder realmente poderoso en palabras y obras delante del Señor. De ninguno se menciona que fue capaz de hacer bajar fuego del cielo sino de Elías. Sin embargo, al mismo tiempo, este líder poderoso en gran manera, y consagrado de Dios en verdad, se muestra humano, e incluso, en un momento de su vida, cayó en depresión. No digo con ello que la depresión sea algo bueno ni normal, ni mucho menos deseable en los líderes de Dios, sino el ejemplo de Elías nos dice que los líderes emocionalmente sanos no son tampoco perfectos, y que son tan humanos como todos los demás; sin embargo, Elías se mantuvo en obediencia a Dios en dependencia total a Él.

En cuatro y último lugar, he mencionado al Señor Jesucristo, como el Buen Pastor prometido a Israel y a todos nosotros como su

Iglesia. Toda la vida de Cristo es la vida de un líder emocionalmente sano, y a quien, por excelencia, todos debemos imitar.

Con este capítulo concluimos la Parte Uno de este libro. En la siguiente, la Parte Dos, estaré hablando sobre la perspectiva que tiene la psicología de la sanidad emocional.

P ARTE DOS: PERSPECTIVA PSICOLÓGICA DE LA SANIDAD EMOCIONAL DE LOS LÍDERES

INTRODUCCIÓN

*E*n esta Parte Dos me estaré enfocando en ideas y conceptos que parten de la aportación de algunos autores cuyos escritos abordan el tema de la sanidad emocional. Estos escritores se han desenvuelto en el campo de la psicología y han desarrollado aportaciones en relación directa con el tema de las emociones. La psicología presenta una visión del ser humano basándose en las fortalezas y las debilidades de los individuos y en el desarrollo de estas; asimismo, se basa en las cualidades humanas, y en los rasgos positivos que permiten alcanzar un bienestar emocional óptimo de acuerdo a sus conclusiones.

Según la Organización Mundial de la Salud «la salud mental es un estado de bienestar mental que permite a las personas hacer frente a los momentos de estrés de la vida, desarrollar todas sus habilidades, poder aprender y trabajar adecuadamente y contribuir a la mejora de su comunidad».[51] La página oficial del gobierno del estado de Massachusetts dice al respecto:

El bienestar emocional se refiere a tus sentimientos: cómo reconocerlos, expresarlos, y cómo encararlos de manera que contribuyan a tu tratamiento y recuperación. Si estás asustado, enojado, estresado

---

[51] Organización Mundial de la Salud. "Salud mental: fortalecer nuestra respuesta". OMS, 17 de julio de 2022. https://www.who.int/es/newsroom/fact-sheets/detail/mental-health-strengthening-our-response (accesado 11/11/2022).

o desesperanzado, esto te puede afectar a ti y a los que te rodean. Tal vez te preguntes cómo puedes lidiar con estos sentimientos. Tal vez te resulte difícil hablar con amigos y familiares sobre tus sentimientos. Tal vez necesites ayuda, pero no sepas cómo pedirla.[52]

Gonzalo Hervás cita a Carmelo Vázquez y a Dolores Avia diciendo que cualquiera puede observar a diario a personas que parecen más felices que otras; que es relativamente fácil pensar en alguien más o menos cercano que nos suscita una especial admiración por su gran capacidad para mantener la alegría y el buen humor incluso en circunstancias adversas; y que hasta hace poco tiempo existía un verdadero interés científico por conocer las características psicológicas de estas personas.[53]

Es así que en esta unidad estaré enfocándome en algunos de los hallazgos importantes del campo de la psicología que hablan de la sanidad emocional y la enfocaré a los líderes cristianos.

---

[52] Website of the Commonwealth of Massachusetts. "Bienestar emocional". Commonwealth of Mass, 2022. https://www.mass.gov/service-details/bienestar-emocional (Accesado 11/11/2022).

53] Carmelo Vázquez y Gonzálo Hervas, *La ciencia del bienestar* (Madrid: Alianza Editorial, 2009), 75.focaré a los líderes cristianos.

CAPÍTULO VI

Conceptos de la Sanidad Emocional desde el Punto de Vista Psicológico

El objetivo de esta Parte Dos es dar a conocer distintos puntos de vista de la psicología que hablan sobre la sanidad emocional; a fin de tener una comprensión más exacta de cuáles serían los caminos adecuados que esta ciencia considera para alcanzar esta tan apreciada salud.

Aunque a lo largo de este libro he estado mencionado algunos de los comentarios de escritores seculares que hablan sobre tema emocional, en este capítulo estaré brindando algunas definiciones y conceptos que nos ayudarán a comprender más exactamente, al menos de manera introductoria, lo que la psicología opina de ello. Empezaré definiendo de una manera más o menos extensa el concepto de emociones, y como estas juegan un papel central en el comportamiento de los individuos. Ya qué, según ha sido la experiencia emocional de los líderes estos tendrán asimismo tendencias y prácticas que denotan su salud emocional. Si los líderes tuvieron algún tipo de traumas o trastornos emocionales en el pasado —cosas que se volvieron heridas que no han sido sanadas— esto repercutirá en el trato que brinden a sí mismos y a los demás.

En este capítulo también mencionaré las variantes de los conceptos de bienestar emocional y felicidad, y de los componentes psicológicos circunscritos.

DEFINICIÓN DE *EMOCIONES* Y SUS RAÍCES PSICOLÓGICAS

A continuación, se darán algunas ideas hipotéticas respecto a la definición y entendimiento de las emocional presentes en los individuos.

Según el diccionario de la Real Academia Española una emoción «es una alteración del ánimo intensa y pasajera, agradable o penosa, que va acompañada de cierta conmoción somática».[54] Esto de «conmoción somática» quiere decir que muchas personas, al no ser capaces de borrar de ellos los recuerdos dañosos del pasado, esto les hace que actúen de manera negativa; lo cual se traduce en temores, ansiedades y depresión, cosas que, al presentarse en suficiente cuantía, se pueden convertir en una o varias enfermedades físicas.

Los conceptos y definiciones dadas por los expertos tienen un común denominador: las emociones que ahora experimenta el individuo tienen su raíz en la niñez; es decir, lo que un adulto siente y sufre hoy (su depresión, ansiedad, etc., pero también una mentalidad positiva, optimista, etc.) puede tener una línea seguida por eventos que vivió en la infancia. Estos pudieron ser positivos o negativos.

EMOTIO COMO UN CONJUNTO DE REACCIONES CONDUCTUALES

Retana menciona que el término emoción viene del latin *emotio*, que significa «alteración del ánimo, intensa y pasajera, que va acompañada de cierta reacción física». Y dice que las emociones son un conjunto de reacciones —que se expresan en la conducta— las cuales representan la interpretación del individuo respecto a lo que ocurre

---

[54] *Diccionario de la lengua española*, 23.ª ed., [versión 23.5 en línea]. <https://dle.rae.es> [accedido 3/31/23].

a su alrededor. Para Retana las emociones se ponen en marcha a través de nuestros sentidos y pueden manifestarse de muchas formas. Por ejemplo, dice que puede ser que creamos que la forma natural de resolver un conflicto sea gritando e imponiendo nuestra posición sin importar cómo se pueden sentir los demás.[55]

Goleman comenta acerca de lo que quiere decir el término *emoción* y dice que psicólogos y filósofos han hablado con mucha sutileza durante más de un siglo sobre esta palabra y la han definido como «cualquier agitación y trastorno de la mente, el sentimiento, la pasión; cualquier estado mental vehemente o excitado». Menciona que se utiliza el término *emoción* para referirse a un sentimiento, a sus pensamientos característicos, a estados psicológicos y biológicos y a una variedad de tendencias a actuar.[56]

EMOTIO COMO ESTADOS MENTALES SUBJETIVOS

Aguado menciona que las emociones son probablemente el fenómeno psicológico del que con más frecuencia hablamos en nuestras conversaciones cotidianas. Dice que hablamos continuamente de cómo nos sentimos y de cómo se sienten los demás, describimos con detalles nuestras reacciones afectivas ante lo que nos ocurre, sea bueno o malo, usual o inesperado, y en muchas ocasiones apelamos a sentimientos y emociones para explicar por qué actuamos de una u otra forma. También menciona que las emociones son estados mentales subjetivos que afectan profundamente a nuestro bienestar psicológico.[57]

---

[55] Daniel Retana, *Qué tiene que ver Dios con tus emociones* (Miami: Casa Creación, 2019), 28.

[56] Daniel Goleman, *Inteligencia emocional: Resumen completo* (Middletown, DE:Bookify, 2022), 331.

[57] Luis Aguado, *Emoción, afecto y motivación* (Madrid: Alianza Editorial, 2019), 25-89.

EMOTIO COMO LA ENERGÍA PARA ACTUAR

Corbera, hace la pregunta: ¿Para qué son buenas las emociones?, y menciona que las emociones no son buenas ni malas. Son la energía para actuar. Y que el objetivo es comprender que las emociones son fundamentales para poder adaptarnos a las diversas situaciones de la vida. Son el hilo conductor de unos programas inconscientes; información acumulada en nuestra psique que se refleja en la vida. También menciona que las emociones son innatas a todos los seres vivos y desempeñan funciones muy claras según el ser vivo que las exprese; como sucede, por ejemplo, con el miedo y el asco. En un orden superior las emociones son auténticos motores motivadores. Nos empujan a la acción, muchas veces sin razonamientos previos. Por otro lado, nos permiten comunicarnos. Incluso en el caso de la comunicación no-verbal, esta nos dice mucho más de nuestro interlocutor que la misma palabra.[58]

Cortez, Crane, Rodríguez y Sobarzo definen las emociones como sentimientos de diverso tipo e intensidad, que tienen un efecto en la fisiología de nuestro cuerpo, en nuestros pensamientos, y que influyen de modo variable en la conducta.[59]

TEORÍA DEL BIENESTAR VERSUS LA FELICIDAD

Manes, menciona a Seligman donde amplía conceptos que desarrollan la teoría del bienestar como una noción más amplia que la felicidad. Se trata de una idea que incorpora dos elementos asociados con el bienestar [o sanidad]: el primero tiene que ver con los logros alcanzados, es decir la realización personal; y el segundo propone las relaciones positivas como un componente central para su desarrollo. Los

---

[58] Enric Corbera, *Emociones para la vida: El camino hacia tu bienestar* (Barcelona: Penguin Random House Grupo Editorial, 2018), 15.

[59] Felipe Cortez, Ricardo Crane, Vladimir Rodríguez y Jorge Sorbarzo, *Conceptos psicológicos prácticos para el obrero cristiano* (Miami: Unilit, 2002), 188.

lazos positivos y duraderos afectan las funciones psicológicas, fisiológicas y de comportamiento, ayudan a proteger nuestro cerebro y contribuyen a nuestro bienestar. Con esto se demuestra que cuando hay gente a nuestro alrededor se registra menor actividad en áreas neurales asociadas al procesamiento de peligro y somos menos propensos a activar respuestas corporales frente al estrés. Por eso el sentido de pertenencia es un escudo contra la soledad, la depresión y la ansiedad.[60]

COMPONENTES PSICOLÓGICOS DEL BIENESTAR EMOCIONAL

Seligman dice que el bienestar se compone de varios elementos determinantes que nos alejan del monismo. Básicamente se trata de una teoría de decisiones no coaccionadas y sus cinco elementos comprenden que las personas libres elijan por su valor intrínseco. Estos cinco elementos del bienestar son los siguientes:

a). *La emoción positiva*: es el primero de la teoría de la auténtica felicidad y es la piedra angular de la teoría del bienestar.

b). *La entrega*: sigue siendo un elemento al igual que la emoción positiva, ¿perdió la conciencia de sí mismo? ¿Estaba absorto en la actividad?

c). *El sentido*: no se limita a un estado subjetivo.

d). *Las relaciones positivas*: hay muy pocas cosas positivas que sean solitarias: ¿Cuándo fue la última vez que sonrío, la última vez que sintió dicha, la última vez que sintió algo realmente significativo y con propósito?

e). *Los logros*: las personas persiguen el éxito, los logros, las victorias, los rendimientos y el virtuosismo por su valor intrínseco.[61]

---

[60] Facundo Manes, *El Cerebro del futuro* (Cd. de México: Ediciones culturales Paidós, 2018), 247-248.

[61] Martin Seligman, *La auténtica felicidad* (Barcelona: Ediciones Vergara, 2003), 31, 32, 33, 36.

Resumen

En este capítulo estuve repasando algunos conceptos de expertos sobre la sanidad emocional. Comencé brindando una definición general secular sobre el tema, en donde una emoción es simplemente una alteración del ánimo, la cual es intensa y pasajera, y que estas alteraciones del ánimo tienen sus raíces en eventos que tuvieron lugar en la niñez y que se manifiesta en reacciones físicas. Otro autor (Goleman), se inclina por la definición de emoción como cualquier agitación y trastorno de la mente, el sentimiento, la pasión; cualquier estado mental vehemente o exaltado.

Luego mencioné lo dicho por Aguado, que las emociones son fenómenos psicológicos que usamos en nuestras conversaciones cotidianas. Él dice que hablamos de cómo nos sentimos y de cómo se sienten los demás, y que decimos que nuestras emociones son los causales de acciones y comportamientos. En este capítulo también mencioné lo dicho por Corbera, que las emociones son energía para actuar, que las emociones son auténticos motores motivadores que nos empujan a la acción (muchas veces sin razonar).

En otro de los apartados hablé también del concepto de Seligman, quien dice que el *bienestar emocional* tiene que ver con los logros alcanzados, y que la *felicidad* es un concepto que se nutre de relaciones positivas. Una frase importante en este apartado dice: «Los lazos positivos y duraderos afectan las funciones psicológicas, fisiológicas y de comportamiento, ayudan a proteger nuestro cerebro y contribuyen a nuestro bienestar», y que «el sentido de pertenencia es un escudo contra la soledad, la depresión y la ansiedad».

En la última parte de este capítulo comenté respecto a lo escrito por Seligman cuando habla del bienestar emocional y de su teoría al respecto. Él habla de cinco elementos: 1) *La emoción positiva*: tiene que ver con la promoción de emociones positivas tales como la alegría y la gratitud; 2) *la entrega*: tiene que ver con que el individuo se encuentre absorto en una actividad que le apasione hacer; 3) *el sentido*: se trata del sentimiento de propósito, de significado, de que uno es parte de un todo mucho más grande; 4) *las relaciones positivas*: habla de las conexiones sociales saludables, y de ayudar a otras personas, ; y 5) *los logros*: habla de la pugna por alcanzar o lograr algo, al tiempo de tener una sensación de competencia personal. En el capítulo siguiente estaré hablando sobre el tema de la psicología positiva

CAPÍTULO VII

La Psicología Positiva y las Enfermedades Emocionales Típicas

En este capítulo estaré hablando de la psicología positiva, la cual es una rama de la psicología que se ocupa del estudio de las fortalezas intelectuales humanas, y se enfoca en las emociones positivas que contribuyen a su felicidad y bienestar en general. En este caso, estaré haciendo referencia al investigador Martin Seligman, quien sacó a la luz la teoría de que la psicología debería promover el florecimiento de las virtudes humanas y no solo ocuparse del tratamiento de las patologías mentales.

Mientras que la psicología en general se ocupa de los déficits o de aquello que falta para lograr una salud mental, la psicología positiva busca dilucidar los mecanismos que hagan sentir al ser humano que la vida vale la pena. Por tanto, la psicología positiva analiza a profundidad la gratitud, el optimismo, la esperanza, la resiliencia, la amabilidad, y otras emociones positivas que podrían construir una vida satisfecha.

Aunque en el capítulo anterior ya estuvimos hablando de los cinco pilares de la psicología positiva —según la teoría de Seligman—, la cual, por cierto, es muy a fin a los conceptos cristianos, en este capítulo veremos algunos aspectos que completarán nuestro entendimiento de ella y veremos como esta tiene sentido en los líderes cristianos emocionalmente sanos.

DEFINICIÓN DE LA PSICOLOGÍA POSITIVA

¿Qué es la psicología positiva? La psicología positiva, como dice el Dr. Seligman, ofrece un gran ámbito de trabajo de las emociones y las fortalezas que nos ayudan a alcanzar el bienestar personal. La psicología positiva fue definida como el estudio científico de las fortalezas y virtudes humanas, las cuales permiten adoptar una perspectiva más abierta respecto al potencial humano, sus motivaciones y sus capacidades.[62]

Como podemos observar, bien pareciera que el enfoque de la psicología positiva no está en las debilidades de los individuos, sino solo en sus fortalezas; sin embargo, la psicología positiva no excluye o anula la existencia de debilidades, sino que su enfoque es equilibrar ambas cosas. La idea de Seligman no fue ignorar o dejar de lado las enfermedades mentales de los individuos sino brindar una amplitud de la psicología, la que por mucho tiempo siempre estuvo enfocada casi por completo en el sufrimiento y en las alteraciones psicológicas de los seres humanos.

La razón por la que he decidido abordar este tema dentro de este libro es que muchas veces pensamos que la salud emocional en los líderes reside exclusivamente en eliminar las enfermedades emocionales; sin embargo, esto está lejos de ser correcto. Antes bien, es necesario desarrollar virtudes internas, tales como la resiliencia, el optimismo, la gratitud, etc., ya que todo esto nos hará más fuertes para vencer las debilidades constructivamente.

De esta manera, al definir la psicología positiva debemos aclarar que esta no ignora o deja de lado las enfermedades emocionales,

---

[62] Martin Seligman, "The new era of positive psychology", TED, Jul 21, 2008, YouTube video, 5:38, https://www.youtube.com/watch?

sino que busca solucionarlas desde una perspectiva de crecimiento. Por ejemplo, si se estudia la depresión, se aborda la esperanza, el sentido de vida y las relaciones positivas en lugar de aquello que la provoca directamente. La finalidad de la psicología positiva es desarrollar fortalezas que contrarresten las patologías psicológicas.

EL ESTUDIO DE LAS VIRTUDES, EL ELEMENTO PRINCIPAL DE LA PSICOLOGÍA POSITIVA

Se puede decir que la parte más importante de la psicología positiva es el estudio de las fortalezas o virtudes de los individuos. Así, la psicología positiva analiza las fortalezas de cada persona. Y antes de continuar hablando de las fortalezas, la definiré. Una fortaleza es un rasgo positivo, patrón de pensamiento, emoción o conducta, una característica psicológica que se presenta en situaciones distintas a lo largo del tiempo, y que aporta al desarrollo saludable del individuo, incluyendo sus relaciones con los demás. Una fortaleza es valorada por derecho propio y a menudo sus consecuencias son positivas. Seligman dice que el liderazgo bien ejercido, por ejemplo, suele proporcionar prestigio, ascenso y aumento de sueldo. Aristóteles argumentó que las acciones emprendidas por motivaciones externas no son virtuosas, precisamente porque son forzadas.[63]

En su teoría, Seligman menciona veinticuatro fortalezas de distintos escritores de las cuales mencionaré solo las de Benjamín Franklin. Benjamín Franklin decía que ser una persona virtuosa muestra, mediante actos voluntarios, todas o al menos la mayoría de las seis virtudes siguientes: sabiduría, valor, humanidad, justicia, templanza y trascendencia, y dice que estas fortalezas, a diferencia de las virtudes abstractas, son mensurables y adquiribles.

LA PSICOLOGÍA POSITIVA: LA PSICOLOGÍA DEL FUTURO

Por lo tanto, el Dr. Martin Seligman, como líder de la asociación profesional de psicología más prestigiosa del mundo (la APA), elaboró

---

[63] Seligman, 207-208.

un objetivo programático para la psicología del futuro y propuso el término de psicología positiva para denominar esa idea. Vásquez menciona a Seligman y Csikszentmijalyi y dice que básicamente la idea de este movimiento es «empezar a canalizar un cambio en el foco de la psicología de la preocupación por reparar las peores cosas de la vida para también construir cualidades positivas».[64]

Esta idea nos hace pensar que la psicología del futuro no está sesgada a las patologías mentales y problemas emociones o comportamientos nocivos, sino a una idea más amplia: un trato directo con las fortalezas del individuo para hacerle crecer en estas áreas, y que este mismo fortalecimiento venza las patologías existentes.

Esto último nos hace pensar en el poder del Espíritu Santo, quien nos empodera para vencer todo lo malo que pudiere haber en nosotros. Dios no promete extirpar de nosotros la carne, sino fortalecer nuestro espíritu para vencerla y mantenerla a raya.

La felicidad: la meta de la psicología positiva

Vázquez y Hervás citan a Diener y dicen que el interés por la felicidad no es exclusivo de las mentes sofisticadas, ni, por el contrario, de las atormentadas. La felicidad es un asunto importante de carácter universal, bastante más importante que el dinero, o al menos eso se ha observado en un estudio que se llevó a cabo con estudiantes de diecisiete países. Es un asunto sobre el que la gente piensa de modo habitual: si se siente feliz o no. También comentan que, si la gente tuviese un sensor del bienestar, esto le facilitaría regular y dirigir su conducta, tanto en las pequeñas cosas cotidianas como en asuntos y planes de más largo alcance, pues permitiría detectar si están contentos, satisfechos, cómodos o felices y de ese modo este sensor actuaría como un mecanismo autorregulador. Investigar sobre la felicidad humana es una tarea social y políticamente responsable, en la que

---

[64] Vázquez y Hervas, 17.

han de comprometerse quienes creen que el bienestar humano es una de las metas éticas fundamentales de los afanes personales y profesionales.[65]

Ahora bien, lo que busco con este libro es que los líderes tengan un cambio de conducta y de aptitud para que la Iglesia del Señor crezca con una espiritualidad emocionalmente sana y, como dice Scazzero, es imposible ser espiritualmente maduro, mientras se permanece emocionalmente inmaduro.[66] Y si el individuo es espiritualmente maduro, será feliz, es decir, emocionalmente maduro.

Corbera quiere hacer comprender a sus lectores que las emociones son claves para tener bienestar en la vida, es decir, que la sanidad emocional es indispensable para la felicidad. Dice que las emociones no son buenas ni malas, son la energía para actuar. Dice también que el objetivo es comprender que las emociones son fundamentales para poder adaptarnos a las diversas situaciones de nuestra vida. Son el hilo conductor de unos programas inconscientes, información acumulada en nuestra psique que se refleja en nuestra vida. Corbera menciona al Dr. Damasio donde él afirma que «las emociones pertenecen al cuerpo, y los sentimientos, a la mente, así que van totalmente ligados»; y los sentimientos son la expresión de unas creencias inconscientes que determinan mi percepción del mundo y, por lo tanto, mi interacción emocional.[67] Por tanto, estar consciente de la necesidad y de la utilidad de las emociones, es parte del bienestar *per se*, y juegan un papel importante en la felicidad emocional holística.

Patologías que desequilibran la sanidad emocional

La sanidad emocional es un término que se refiere a los sentimientos: cómo reconocerlos, expresarlos, y cómo encararlos de manera

---

[65] Ibid, 13-14.

[66] Scazzero, 18.

[67] Enric Corbera, *Emociones*, 15, 21.

que contribuyan al tratamiento y a la recuperación del afectado. El comportamiento de una persona que está asustada, enojada, estresada o desesperanzada afectará su propia persona en general y también a los que le rodean.[68] Un líder que conoce la importancia de educarse emocionalmente es capaz de crear un ambiente creíble que le permitirá sanarse y tener un cambio de actitud.

En los apartados anteriores hemos estado hablando de la psicología positiva, ahora en este último, estaremos viendo más en detalle lo que contrasta esta psicología: las enfermedades o patologías emocionales típicas que afectan la salud emocional.

1. El rechazo

La primera herida se presenta en el vientre materno, una madre que experimenta rechazo, abuso, ansiedad, tristeza profunda, depresión, etc., esto se trasmitirá al bebé mediante efectos bioquímicos (p. ej., el cortisol). El bebé, al entrar al mundo, lo hace de forma brusca: pasa de un entorno silencioso seguro, a un ambiente de exceso de luz, y ruidoso, y sobre todo, la separación de su madre; esta es la primera herida emocional que experimentamos los seres humanos

Luego, dependiendo del ambiente, el bebé podría crecer con un sentimiento de hostilidad y rechazo. Si un bebe nace en un ambiente triste o caótico, él lo siente y lo respira. Las personas que viven estas experiencias desarrollan fobia por el entorno, sobre todo cuando sus padres no cambian su percepción del mundo. Todos pueden sentir rechazo por una realidad y después cambiarla para no reconciliarse con ella. El problema es que cuando los padres no ayudan, esto se convierte en una personalidad de rechazo a todo.[69]

---

[68] Website of the Commonwealth of Massachusetts. "Bienestar emocional".

[69] Orihuela, 17,37,53,54

Meurisse habla acerca del rechazo. Dice que puede ser muy doloroso, porque, aunque se sabe que la mayoría de los rechazos no tienen mucha importancia, muchas personas no pueden evitar sentir dolor emocional. Dice que quien haga caso a su mente [en este respecto], podría crear todo un drama por tal rechazo, y esto le puede llevar a la depresión. El miedo al rechazo puede crearle tal drama que le provoque un desenlace de sucesos negativos.[70]

2. Abandono

El abandono es una condición que comienza desde la infancia. Se abandona un niño, a un anciano, a un enfermo, pero no a un adulto capaz y lleno de recursos. Una herida de abandono es una experiencia de soledad infantil, de vacío. Es una ausencia física, emocional y de aprendizaje. Esa ausencia genera una enorme angustia en el niño. Lo vive como una experiencia aterradora de soledad, miedo y desprotección. Un adulto que vivió en abandono desde pequeño crece físicamente, pero en lo emocional queda atado a un sentimiento de soledad y vacío. La ausencia de los padres siembra un vacío muy fuerte en su interior y nace en él o ella una posición de víctima, el niño queda atrapado en el cuerpo de adulto con todas las necesidades inconclusas.[71]

Kathryn Watson y Jacquelyn Johnson, en su artículo «Abandonment Trauma: Effects and Symptoms in Children and Adults», habla del trauma producido por el abandono. Dice que aquel que ha sido abandonado (ya sea psicológica o físicamente), podría presentar dificultad para establecer relaciones sanas con los demás, presentar temor a la intimidad (mayormente la intimidad emocional), y podría ser una persona evasiva, insegura y ansiosa.[72]

---

[70] Thibaut Meurisse, *Domina tus emociones* (Ed. Juan M. Gimenez Simimarco, 2020), 4.

[71] Ibid, 65, 66.

[72] Kathryn Watson y Jacquelyn Johnson, "Abandonment Trauma: Effects and Symptoms in Children and Adults", PsychCentral mayo 24, 2022 https://psychcentral.com/health/abandonment-trauma

3. LA CULPA

Goleman dice que la culpa es un sentimiento común en todas las personas, y que todos lo han experimentado en algún momento de sus vidas. Y este sentimiento, si se continúa arraigando en el individuo por mucho tiempo, terminará produciendo efectos nocivos en el cuerpo. Asimismo, menciona que hay muchas razones por las cuales una persona siente culpa y sufre por ella. Entre ellas, el autor Goleman menciona:

Condicionamientos que el individuo ha adquirido desde la infancia.

- Necesita ser reconocido o aprobado.

- El individuo siente temor.

- El individuo no se hace responsable de sus actos.

- Piensa que merece sentirse así.

- No ha respetado las normas propias o las de otras personas.[73]

Corbera menciona una frase de Napoleón que dice: «Haz sentir culpable a tu amigo y dominarás su voluntad». Dice que la gente tiene el hábito de echar y proyectar la culpa a lo primero que se le presente. Busca aprobación, justificación a sus actos, y, sobre todo, busca parecer inocente. No está consciente de que sus reacciones están programadas, que las personas tienen hábitos inculcados que los robotizan: a tal pregunta, tal respuesta; a tal contrariedad, tal reacción. Cada persona ha sido educada con leyes rígidas, con una única razón: «Esto siempre se ha hecho así». Oponerse a ello implica desaprobación social, rechazo y, sobre todo, miedo.

También menciona que, al culpar a otros, la persona se siente liberada de su responsabilidad. Sin embargo, olvida que, al renunciar a esa responsabilidad personal, otorga el poder a los demás y se convierte en una víctima.[74]

---

[73] Goleman, *Manipulación*, 37.

[74] Corbera, 114-116.

4. LA DEPRESIÓN

Hunt dice que la depresión es un término psicológico que se refiere a las características mentales, emocionales, y conductuales de la persona. La psicología es la ciencia que estudia la mente, y analiza las razones que llevan a las personas a pensar, sentir y actuar de una manera determinada, y esta, por muchos años, ha estado estudiando las causas, los síntomas y los tratamientos efectivos en contra de la depresión. Los individuos que están atrapados en las ondas negras de la depresión se sienten desesperadamente solos y a menudo culpan a Dios por su situación. También Hunt menciona que la depresión es una condición psicológica que involucra al ser humano como un todo: cuerpo (físico), alma (mente, voluntad y emociones) y espíritu (donde residen nuestras necesidades más profundas). Muchas personas deprimidas sienten que Eclesiastés 5:17 describe su condición, donde dice: «Además, toda su vida come en tinieblas, y en medio de muchas molestias, enfermedades y enojos» (NVI).[75]

La Organización Mundial de la Salud dice que la depresión es un trastorno mental común que implica cambios conductuales en el estado de ánimo y en los sentimientos en el día a día. Esta puede afectar todos los ámbitos de la vida, incluyendo las relaciones familiares, y las relaciones con la comunidad y los amigos. Los síntomas que menciona son los siguientes: dificultades para concentrarse, un sentimiento de culpa excesiva o de baja autoestima, falta de esperanza acerca del futuro, pensamientos de muerte o suicidio, alteraciones del sueño, cambios en el apetito o en el peso, sensación de cansancio o falta de energía. También dice textualmente: «La depresión es el resultado de interacciones complejas entre factores sociales, psicológicos y biológicos. Quienes han pasado por circunstancias vitales adversas (desempleo, luto, eventos traumáticos) tienen más probabilidades de sufrir depresión».[76]

---

[75] June Hunt, *Depresión* (Bogotá: Editorial CLC, 2015), 10-11.

[76] Organización mundial de la salud, "Trastorno depresivo (depresión)", *OMS* 29 de agosto de 2025. https://www.who.int/es/newsroom/fact-sheets/detail/depression

5. La ansiedad

Manes menciona que las personas que padecen del trastorno de ansiedad generalizada se caracterizan por presentar demasiada preocupación por las actividades cotidianas y tienen problemas para controlar esas preocupaciones. Les resulta imposible relajarse, tienen dificultad para concentrarse, se muestran irritables, inquietas e impacientes. Pueden sufrir contracturas en los hombros, la nuca y la mandíbula. Además, tienen dolores musculares y en el estómago. Incluso pueden sentir dolores inexplicables. Los temblores o tics pueden ser otros de los síntomas que padecen, así como la falta de aire, los mareos y una necesidad frecuente de ir al baño. En cuanto al descanso, tienen inconvenientes para dormir y sienten fatiga y cansancio excesivo.[77]

Lucado dice que la ansiedad es una inquietud. Es una sospecha, un recelo. Es la vida en un tono menor con preocupaciones mayores. También menciona que la ansiedad y el miedo son primos, pero no son idénticos. El miedo ve una amenaza. La ansiedad se la imagina. El miedo resulta en luchar o huir. La ansiedad crea miseria y desolación. El miedo es el pulso que palpita cuando ves una serpiente de cascabel enroscada en tu jardín. La ansiedad es la voz que te dice: «Nunca, nunca jamás, por el resto de tu vida, camines descalzo en la grama, podría haber una serpiente en alguna parte». Lucado define la ansiedad como un híbrido entre *ansia* y *so*. *Ansia* es una sensación de congoja o angustia. *So* es el sonido que hago en el décimo escalón de unas escaleras, cuando mi corazón late aprisa y me falta el oxígeno.[78]

6. La ira

Goleman encuentra que esta emoción se asocia con la furia, la

---

[77] Manes, 141.

[78] Max Lucado, *Enfrete a sus gigantes* (Nashville: Grupo Nelson, 2006), 4-7.

hostilidad, la indignación y, en casos complejos, con el odio patológico. La ira hace que el cuerpo reaccione enviando sangre a las manos. De esta forma se favorece el empleo de armas o que el sujeto mismo se prepare para golpear de manera contundente. Dentro del cuerpo, se acelera la frecuencia cardiaca y se eleva la hormona de la adrenalina que dispone el organismo para actuar.[79]

Goleman dice también que la ira es igual a la furia, al ultraje, al resentimiento, a la cólera; a la exasperación, a la indignación, a la aflicción, a la acritud, a la animosidad, al fastidio, a la irritabilidad, a la hostilidad y, tal vez en el extremo, a la violencia y al odio patológico.[80]

Proverbios 12:18 dice: «Hay hombres cuyas palabras son como golpes de espada, mas la lengua de los sabios es medicina». En referencia a este pasaje bíblico, Jamut, en su libro *Effatá*, habla acerca de las palabras que surgen de la ira; dice que el enojo también es conocido como ira o cólera, y que las personas movidas por estos sentimientos, utilizan palabras no como instrumento de bendición, sino como un arma que hiere, hasta llegar a producir daños en las relaciones humanas. Perder el dominio sobre nosotros mismos turba no solo nuestra paz, sino también la paz de quienes nos rodean.[81]

Goleman menciona que dentro de las emociones se encuentran características que pueden afectar la adaptación del individuo con los demás; también las emociones son variaciones del estado de ánimo que se provoca gracias a pensamientos, anhelos, recuerdos, pasiones o sentimientos. Al surgir todo esto, se producen cambios fisiológicos, psicológicos y psicosomáticos. Dice que la intensidad con la

---

[79] Goleman, *manipulación*, 35.

[80] Goleman, *La inteligencia*, 331.

[81] Gustavo E. Jamut, *Effatá* (Buenos Aires: Editorial Claretina, 2017), 77-78.

que se manifiestan estas emociones varía de acuerdo al estado físico, la personalidad y el tipo de estímulo que recibe la persona, quien previamente ya cuenta con un estado de ánimo.[82]

Jamut, menciona que hay psicólogos que aconsejan a la gente que acompañen el proceso de sanación interior con la ayuda de la dirección espiritual y de la oración, porque aún con la ayuda de la psicología, hay enfermedades del alma que encuentran un límite o un techo, después del cual ya no avanza.[83]

7. El ego

De acuerdo a Meurisse, el ego es algo similar al orgullo, aunque es cierto que el orgullo es una manifestación del ego, solo es una parte de él. Puede ser que una persona no muestre ningún orgullo y parezca humilde; sin embargo, aun así, esté controlada por su ego. Dice que el mecanismo de supervivencia no es el único factor que afecta las emociones; también el ego del individuo juega un papel esencial para determinar cómo este se siente. Por esta razón, para adquirir un mayor control de las emociones, es necesario entender bien qué es el ego. El ego se refiere a la identidad propia que se ha ido construyendo a lo largo de la vida. El ego se ha formado a partir de los pensamientos y, puesto que es una identidad creada por la mente, no tiene una realidad concreta.[84]

Las patologías emocionales nacidas de el uso indebido de las Escrituras

Según Scazzero, el problema gira alrededor de verdades bíblicas usadas indebidamente, cosa que no solo daña las relaciones más cercanas del individuo, sino, además, obstruye el trabajo de Dios para transformarlo en las profundidades del iceberg de su vida. Y mencio-

---

[82] Goleman, *Manipulación*, 35.

[83] Jamut, 155.

[84] Meurisse, 10.

na síntomas que hacen que la espiritualidad sea emocionalmente enferma. También dice que es esencial identificar los principales síntomas de la enfermedad espiritualidad-emocional de cada persona y de la iglesia; enfermedad que sigue causando estragos en las vidas de cada uno.[85]

Scazzero enumera diez síntomas que indican que alguien sufre de una enfermedad emocional; y de entre los síntomas, mencionaré seis de ellos: (1) *Usar a Dios para huir de Dios*: muchas veces se utilizan actividades cristianas como medio para huir del sufrimiento sin dejar que Dios trate las heridas del alma; (2) *Negar el impacto que tiene el pasado en el presente*: Pablo dice en 2 Corintios 5:17, «Lo viejo ha pasado, ha llegado lo nuevo»; (3) *Hacer para Dios en lugar de estar con Dios*: el trabajo para Dios solo puede fluir adecuadamente como producto de una vida con Él, no se puede entregar lo que no se tiene; (4) *Dividir la vida en «secular» y «sagrada»*: que lo sagrado no se convierta en común (dice Scazzero que los cristianos evangélicos son tan propensos a adoptar estilos de vida hedonistas, materialistas y sexualmente inmorales como el mundo en general); (5) *Disimular la angustia, la debilidad y el fracaso*: Pablo les recuerda a los cristianos que el poder de Cristo «se perfecciona en la debilidad» (2 Cor. 12:7); (6) *Renunciar a las cosas malas*: Jesús expresó, «Si alguien quiere ser mi discípulos que se niegue a sí mismo, lleve su cruz cada día y me siga» (NVI); pero al mismo tiempo desea que seamos felices y que disfrutemos de las cosas buenas y lícitas que tenemos en esta vida, cosas tales como la amistad, la alegría, la música, la belleza, la recreación, la risa y la naturaleza.[86]

Orihuela dice que para ubicar las heridas de la infancia y saber cómo sanarlas es importante saber cómo se forman, qué es y cómo se

---

[85] Scazzero, 23-24.

[86] Ibid, 24-39.

nutre el cuerpo emocional presente en todas las capas de la personalidad. Y menciona que deberíamos cursar una materia que nos permita conocer, madurar y sanar el cuerpo emocional, ya que la falta de este conocimiento es fuente de muchos problemas en la vida: no sabemos cómo dirigirlo, nutrirlo, madurarlo, qué necesita, y cuáles son sus dolores.[87]

Vázquez y Hervás dicen que las personas que son estables emocionalmente tienden a reaccionar ante los pequeños y grandes sucesos de la vida de una forma moderada, y aunque experimentan emociones negativas, estas son menos intensas y menos duraderas que las que experimentan sus opuestos [las personas neuróticas (o altas en el rasgo neurótico)]. También mencionan que las personas estables asimilan y manejan mejor las dificultades cotidianas, los problemas familiares, los contratiempos y los fracasos. Y esto es entre otras razones, porqué presentan una mejor autoestima y una mejor capacidad para regular sus emociones.[88]

Cortez, Crane, Rodríguez y Sobarzo, mencionan que las emociones se expresan tanto en las acciones como en la experiencia subjetiva de las personas. Dicen también que las emociones tienen no solo un carácter individual, sino que también, pueden ser sociales, pueden ser transmitidas de una persona a otra e incluso a grandes grupos. Esta transferencia emocional tiene un gran efecto en situaciones en las que la ambigüedad de la información está presente y no se tiene claro que está sucediendo, dejando que los rumores intenten explicar lo que sucede; también dicen que es probable que las emociones sean contagiosas. Estos mismos autores dicen que las emociones —por su correlación fisiológica—, están íntimamente ligadas a la salud física de una persona. En algunas situaciones los trastornos

---

[87] Orihuela, 24.

[88] Vázquez y Hervás, 79.

psicológicos producen síntomas en el organismo que pueden ser imaginarios o reales, contribuyendo a desencadenar y/o agravar una enfermedad en el cuerpo.[89]

Nee nos enseña que lo más importante en la obra de Dios no es el trabajo sino el obrero. Si el obrero no está capacitado —especialmente su carácter más que sus habilidades—, causará problemas a la obra; será mejor no poner las manos al arado si no hubo una transformación en sus hábitos por medio del sacrificio de la cruz.[90]

Henry T. Blackaby y Richard Blackaby dicen que muchos líderes piensan que, si alcanzan determinada posición, serán líderes. Suponen que, si se los elige para un cargo político, se les asciende a la gerencia u obtienen una posición de liderazgo dentro de su iglesia, eso será suficiente. Codician la posición más que la responsabilidad. Las personas disfrutan de los privilegios de un cargo, como un mejor salario, un lugar de trabajo más agradable, un equipo de trabajo más amplio o el reconocimiento público. Sin embargo, no necesariamente tienen el carácter o la capacidad para guiar.[91]

Aunque Orihuela cita como aportaciones al tema de la sanidad emocional algunas heridas del pasado que impiden que las personas fluyan en sus posiciones como líderes (ya que estas afectan las relaciones con otras personas), este mismo autor dice que si el individuo no es capaz de sanar sus heridas, ese verdadero *yo* nunca tendrá la oportunidad de ser y expresarse: nunca podrá conocerse de verdad. Cuando se eliminan las corazas, dice Orihuela, se anulan las compul-

---

[89] Cortez, Crane, Rodríguez y Sobarzo, 188-189, 191.

[90] Watchman Nee, *El carácter del obrero de Dios* (Buenos Aires: Editorial Peniel, 1994), 226.

[91] Henry T. Blackaby y Richard Blackaby, *Liderazgo espiritual* (Nashville: B&H Publishing Group, 2016), 152.

siones para controlar: ser perfecto, evadir, ser la víctima. Así, el individuo podrá darse cuenta de que estas cosas no son sino máscaras que le permitieron sobrevivir, pero que siempre hay una oportunidad de vivir sin el sobreviviente interno, es decir, de vivir con el verdadero yo. Una herida de la infancia es, por ejemplo, sentir el vacío afectivo de los padres, el miedo de no pertenecer a algo o a alguien, y la carencia de vínculos con padres limitados e ignorantes. [92]

RESUMEN

En este capítulo estuve hablando de dos tópicos principales. En primer lugar, hablé sobre la psicología positiva. De ella expliqué su definición según lo descrito por Seligman. Dije también que la psicología positiva trata de ver un espectro mayor a la psicología tradicional, la cual siempre estuvo enfocada —casi exclusivamente— en las enfermedades mentales. Dije que la psicología positiva estudia las virtudes o fortalezas de los individuos para de ahí partir al triunfo sobre las afecciones mentales. Dediqué un apartado para hablar de que este tipo de enfoque está ganando aceptación mundialmente, y que la meta de esta rama de la psicología es la felicidad del individuo.

Debo decir que todo esto lo he incluido en este libro para demostrar cómo es que la psicología va tomando un matiz más parecido a la enseñanza bíblica, pues la Biblia enseña que la luz es la que prevalece en las tinieblas (Jn. 1:5). Y también, que la llenura del Espíritu Santo en el creyente hace que lo malo que podría haber en el líder cristiano sea vencido (Gál. 5:16-22).

En segundo lugar, hablé más específicamente de cuáles son las patologías de carácter emocional que atentan contra la salud mental de los líderes. Hablé de siete de ellas: el rechazo, el abandono, la culpa,

---

[92] Orihuela, 24.

la depresión, la ansiedad, la ira y el ego (orgullo). Asimismo, en el último apartado, hablé de las patologías emocionales producto de un mal uso de las Escrituras. Lo visto en este apartado estuvo respaldado por varios escritores que han escrito sobre el tema o un tema circundante. Y de entre estos escritores, dediqué un espacio mayor para lo dicho por Scazzero sobre los síntomas de enfermedad emocional: 1) Usar a Dios para huir de Dios (p. ej. Hacer actividades para Dios para satisfacerme a mí mismo y no a ´Él); 2) Negar el impacto que el pasado tiene en el presente, 3) Hacer para Dios en lugar de estar *con* Dios, 4) Dividir la vida en «secular» y «sagrada», 5) Disimular la angustia, la debilidad y el fracaso, y 6) Renunciar a las cosas malas. En cuanto a esto último expliqué que mientras Dios nos prohíbe pecar (juzgar a los demás, criticarlos, ser arrogantes, ser hipócritas, crear rencillas y pleitos, chismear; y otros pecados más obvios como matar, mentir, robar, adulterar, etc.), al mismo tiempo no nos prohíbe disfrutar de las cosas buenas y lícitas que tenemos en esta vida, cosas tales como la amistad, la alegría, la música, la belleza, la recreación, la risa y la naturaleza.

También expliqué que todos experimentamos dificultades cotidianas, conflictos familiares, contratiempos y fracasos, pero que, mientras una persona enferma emocionalmente es intensa y tarda en superar las emociones negativas, los sanos emocionalmente tienen una mejor autoestima y mejor capacidad para regular sus emociones.

Por tanto, los líderes emocionalmente sanos son aquellos que podrán ser capaces de trasmitir positividad y estarán más centrados en ayudar al prójimo en todo sentido. En el capítulo siguiente, el último de esta Parte Dos, estaré hablando más específicamente sobre la psicología presente en el líder cristiano.

CAPÍTULO VIII
Trasfondo psicológico del Líder Cristiano

El proverbio dice: «Donde no hay dirección sabia, caerá el pueblo: mas en la multitud de consejeros hay seguridad» (Prov 11:14). Este proverbio nos indica que no podemos caminar solos en la vida. Indudablemente, necesitamos del consejo de otras personas para tener suficiente claridad en la vida y alcanzar el éxito. El líder cristiano emocionalmente sano debe dejarse ayudar para sanar en su mente y mantenerse sano; aquí es donde entra el conocimiento de la ciencia de la psicología. Esto quiere decir que, aun los líderes más espirituales pueden tener heridas emocionales o mentales, demostrando con ello que el líder cristiano no es perfecto ni autosuficiente. Al dejarse ayudar, los líderes están demostrando que son humildes; y estos, al integrar conocimientos de la psicología para lograr esta sanidad, no están sustituyendo la obra del Espíritu Santo, sino usando recursos que Dios pone a su alcance para su propio bien y el bien de sus liderados.

Todos tenemos una psicología particular, y una cosmovisión única; sin embargo, nuestra psicología debería estar alineada con los principios bíblicos y tener las características de una persona emocionalmente sana.

En este capítulo abordaremos el tema de la psicología del líder cristiano desde tres perspectivas. Primero hablaremos de la psicología en general del ser humano, luego de la psicología de los líderes cristianos emocionalmente enfermos (cuando juegan con la psicología de la gente), y, por último, hablaremos de cómo es que el líder cristiano debe entender su propia psicología.

LA PSICOLOGÍA DEL SER HUMANO EN GENERAL

Berteau dice que somos la obra maestra de Dios y que hemos sido escogidos para cambiar al mundo. Que Dios nos ha moldeado a cada uno con el propósito divino de extender su reino en la tierra. Menciona en su libro, *Cristianismo Light*, que las personas no están interesadas en «hacer lo bueno» para Dios, porque están completamente enfocados en adquirir placer, fama y posesiones. Algunas personas que aman genuinamente a Dios, sin embargo, se sienten desconectadas de sus propósitos por una razón muy diferente. Ellos creen que están descalificados por causa de pecados pasados vergonzosos y devastadoras heridas pasadas. Ven sus vidas como solo fragmentos de sueños rotos. [93]

No obstante, cada cristiano debe reconocer que Dios no se ha equivocado en su obra, y que cada uno tiene algo que hacer para Él. Cada cristiano ha sido llamado para ser parte importante de la iglesia del Señor en la tierra. Él o ella debe conocerse a sí mismo, aceptarse y perdonarse. Debe de identificar los puntos en que debe mejorar, pero también entender el rol que tiene en el plan maestro del Todopoderoso. Debe entender su trasfondo psicológico.

«Los pensamientos son frustrados donde no hay consejo: mas en la multitud de consejeros se afirman» (Proverbios 15:22).

---

[93] Glen Berteau, *Cristianismo Light* (Lake Mary, Fl: Casa Creación, 2013), 191-192.

Piper menciona que los malos motivos echan a perder los buenos actos. «Si repartiese todos mis bienes para dar de comer a los pobres, y si entregase mi cuerpo para ser quemado, y no tengo amor, de nada me sirve» (1 Co. 13:3). [94] El ser humano en general tiene una psicología apartada de Dios y responderá a motivos netamente egoístas.

LOS LÍDERES QUE JUEGAN CON LA PSICOLOGÍA DE LA GENTE

Berteau dice que la gente quiere bendiciones, pero sin obediencia; comodidad, pero sin sacrificio; felicidad, pero sin arrepentimiento. Muchos de los líderes de la actualidad comunican mensajes agradables, positivos e inspiradores. ¡De hecho, sus servicios litúrgicos están rebosando de personas que desean escuchar estas promesas! Su mensaje, sin embargo, es solamente la mitad del evangelio, y la mitad del evangelio no es suficiente. A la distancia parece que es un cristianismo verdadero, pero no lo es. Es débil y sin poder. Es atractivo, pero no puede llevar a cabo el propósito supremo que Dios tiene para transformar vidas. Es divertido asistir —dice Berteau—, a una iglesia donde todo es positivo; sin embargo, esta no es sino una versión *light* de la fe cristiana. Se enfoca en las grandiosas y brillantes promesas de bendición, pero pasa por alto los requerimientos de valentía, obediencia y sacrificio.

Dice que un día lo invitaron a predicar a una iglesia donde el pastor le comentó que estaban utilizando nuevas estrategias para incentivar el crecimiento. Él le habló de la expansión de la cafetería; de un nuevo equipo de sonido; y de la modernización del departamento de multimedia. Le dijo que esas mejoras habían resultado en un gran éxito: la asistencia los domingos se incrementó.

Cuando Berteau empezó a predicar acerca del poder de Cristo para liberar de las ataduras de satanás y del pecado, la multitud se

---

[94] Piper, 49.

sorprendió, pues no había escuchado una predicación así por mucho tiempo; y el pastor le había dicho ya que no hiciera llamado porque era «incómodo para la gente». Sin embargo, Berteau dice de su experiencia: «Al final del mensaje todo mundo estaba conmovido y llorando, por lo que le pregunté al pastor una vez más si quería que prosiguiera con el llamado o que me detuviera; el pastor, conmovido, me dijo que continuara. Entonces la gente sollozando de arrepentimiento, adoró la maravilla, la gracia y la santidad de Jesús». «Cuando me reuní con el pastor» —dice Berteau—, «le pregunté que si su cafetería y su equipo multimedia estaban ayudando a cambiar vidas». «No» —dijo el pastor—, «aunque sí sabía que hay cambios de vidas cuando el poder de Dios es soltado, Dios es quien cambia las vidas de las personas en cualquier dirección». «Te doy un consejo» —le dijo Berteau al pastor— «Omite el capuchino y persigue la asombrosa presencia de Cristo».[95]

EL LÍDER CRISTIANO DEBE ENTENDER SU PROPIA PSICOLOGÍA

Larrañaga pregunta: ¿Quién es —o, mejor dicho—, *qué es* un cristiano? Seguro no se trata de alguien que recibió como herencia una tradición familiar. Tampoco se trata de alguien, quien, en su niñez, aprendió de memoria unas cuantas fórmulas de fe, o que ha ido a la iglesia algunas veces (más a la fuerza que por convicción). La fe, si no se vive, acaba por convertirse en una colección de afirmaciones que, no rara vez, suenan a palabras vacías. Las cosas de la vida solo comienzan a entenderse cuanto comienzan a vivirse. De otra manera, se trata solo de miradas frías; de una fe intelectual y artificial.[96]

Por todo lo anterior, el líder cristiano debe tener un entendimiento pleno de aquellas cosas le están afectando en su psicología

---

[95] Berteau, 1-3.

[96] Ignacio Larrañaga, *Transfiguración* (Madrid: Artes Gráficas, 1997), 13.

para hacer el trabajo del Señor. También aquellas cosas que, debido a lo que vivió en la pasado, podrían representar una amenaza a su salud emocional o un desafío. Todos los líderes cristianos, como Pablo mismo, deberían reconocer sus propias debilidades psicológicas y ponerlas cada día a los pies del Señor, para que Él las convierta en sus fortalezas.

RESUMEN

En este capítulo vimos brevemente tres temas que bien podrían ampliarse mucho más. Al hablar de la psicología del ser humano en general mencioné que existe la tendencia de que los líderes se dejen guiar por la psicología del mundo, la cual siempre está en contra de los designios divinos. Y que cada cristiano tiene su propio pasado y psicología, pero este debe conocerse así mismo, aceptarse y perdonase. Debe identificar aquellos puntos en donde existen áreas de oportunidad, y entender en donde debe dejar lugar al Espíritu Santo para actuar en su vida, y entender su propio trasfondo psicológico.

Hablé también de aquellos líderes que quieren ir con la corriente del mundo, y que utilizan la psicología de su público para hacerles sentir bien, predicándoles un evangelio que no es bíblico; por lo tanto, aunque atractivo, jamás será un evangelio transformador. En otras palabras, como dice Berteau, es un evangelio *light*, pues se enfoca en las promesas de bendición de Dios, pero pasa por alto sus requerimientos: valentía, obediencia y sacrificio.

El tercer subtítulo de este capítulo refuerza el primero, y lo comencé diciendo que la fe debe vivirse y no ser meramente intelectual y artificial. Que cada líder cristiano debería estar consciente de aquellas cosas que impiden que su entendimiento sea apto para hacer la obra de Dios; y también, que debe entender su pasado, sus temores y aquello que ve como una amenaza para su salud emocional o incluso como desafíos.

Los líderes deben mostrase vulnerables y trasparentes en sus emociones, pues el mismo Señor Jesucristo estuvo triste y angustiado. David, siendo un hombre conforme al corazón de Dios, varias veces lloró y estuvo en angustia y desesperanza. Asimismo, el apóstol Pablo, el más grande cristiano que ha existido, mostró vulnerabilidad y puso en evidencia sus debilidades como ser humano, por ejemplo, cuando dijo: «...no tuve reposo en mi espíritu, por no haber hallado a mi hermano Tito» (2 Cor. 2:13).

***

En esta Parte Dos hemos estado viendo varios conceptos importantes del campo de la psicología, y hemos dado un repaso a lo dicho por algunos autores que son considerados autoridad en este campo. Este conocimiento —junto con el de la Parte Uno— nos da un panorama más completo para pasar a la Parte Tres, la cual habla específicamente de la sanidad emocional vista desde una perspectiva ministerial .

<><><><><><><><><><><><><><>

<><><><><><><>

PARTE TRES: PERSPECTIVA MINISTERIAL DE LA SANIDAD EMOCIONAL DE LOS LÍDERES

INTRODUCCIÓN

En el transcurso de esta Parte Tres estaré analizando algunos aspectos relacionados con la salud emocional de los líderes; pues esta, innumerables veces, se ignora y se descuida. Constantemente se da el caso de que los mismos líderes no solicitan la ayuda necesaria, aunque saben que existen especialistas en su denominación, los cuales están preparados para ayudarles. Hoy en día muchos líderes quieren retirarse; muchos de ellos caen en depresión y ansiedad; y en los casos más graves, algunos piensan hasta en quitarse la vida. De ahí que esta tesis se fundamente en la información bíblica, la encontrada en la psicología y en algunas otras fuentes bibliográficas en relación con el tema, a fin de brindar información valiosa que logre ser útil para traer bienestar emocional tanto para ellos como a sus familias.

En esta Parte Tres estaré hablando de varios aspectos del bienestar emocional relacionados con el servicio cristiano .

CAPÍTULO IX

Descripción del Liderazgo Cristiano Sano Emocionalmente

Aunque ya hemos ido repasando algunas características de una persona emocionalmente sana, en este capítulo deseo dar una mayor aplicación de esto aplicado al liderazgo cristiano, es decir, a la vida ministerial.

Empezaré por definir lo que significa ministerio, y luego estaremos dando algunas definiciones de liderazgo cristiano. Finalmente, en los últimos tres apartados, estaré hablando de tres de las principales características de un líder cristiano emocionalmente sano: uno que ayuda al prójimo y honra a Dios con todo lo que hace; uno que está libre de la manipulación; y, uno que crea un ambiente emocionalmente sano. Creo que estas tres características son claves.

DEFINICIONES DE *MINISTERIO*

El significado bíblico de la palabra *ministerio* está íntimamente ligada al servicio que se ofrece a Dios y el que se ofrece a la comunidad eclesiástica. El ejemplo a seguir respecto al tipo de ministerio que Dios demanda —de este se puede ver más claramente en el Nuevo Testamento— es Jesús mismo, quien dedicó su vida a dar, no a recibir. La palabra *ministerio* proviene del vocablo griego «*diakoneo*» que significa *servir*, y posteriormente del latín «*ministerium*» que significa *servicio*. Se suele hablar de la jerarquía ministerial de la Iglesia, pero todo creyente tiene la misión de ejercer algún ministerio. Todos los cristianos deben servir a sus hermanos con amor sin esperar nada a cambio, tal como lo hizo Jesús (Mateo 20:26; Marcos 10:43; Juan 2: 5,9).

El ministerio de un cristiano no pone condiciones. En la Iglesia de hoy la figura del modelo más eficiente de un pastor es el de aquel que ministra a tiempo completo. Sin embargo, visto de una forma más general, y partiendo de un concepto netamente bíblico, todo cristiano debe ayudar a su prójimo (Romanos 12:3-8). En la Biblia el significado de *ministerio* también se refiere a satisfacer las necesidades de otros e invitar a descubrir la esencia de Cristo en su vida. Es necesario que todo cristiano facilite las cosas para que otros hagan de Cristo su Salvador. De esta manera, todo ministerio cristiano debe procurar suplir las necesidades humanas: tanto las físicas y materiales, como emocionales y espirituales.

En la Biblia hay numerosas menciones acerca del ministerio de Cristo (Hechos 6,4; 1 Corintios 4,1; 2 Corintios 5,18-6,1; Mateo 20,28; Marcos 10,45; Juan 13,12-15; Gálatas 1:10; Colosenses 4:12). Como modelo de ministerio, Jesús lavó los pies de los discípulos en la última cena, este es una auténtica demostración de servicio. Asimismo, dio su propia vida para la salvación de la humanidad. Se podría decir que toda la vida de Jesús en la tierra se resume en esto: un culto a Dios a través de un ministerio de entrega total.

Desde luego que el servicio a Dios tiene sus raíces en el Antiguo Testamento. A manera de ejemplo se pueden mencionar los ministerios que tenían los levitas. El ministerio de los levitas es tipo del ministerio de los cristianos en la actualidad. La Biblia dice de ellos: «... y serán para el servicio del tabernáculo de reunión; y los darás a los levitas, a cada uno conforme a su ministerio» (Números 7:5). Esto quiere decir que cada uno de los levitas tenía asignado algún tipo de ministerio respecto al culto al Dios vivo y verdadero, y estos debían servir en el tabernáculo desde los veinticinco años: «Los levitas de veinticinco años arriba entrarán a ejercer su ministerio en el servicio del tabernáculo de reunión» (Números 7:7). Asimismo, todos ellos estaban bajo las órdenes de Aarón y de sus hijos: «Y estaban bajo las órdenes de los hijos de Aarón para ministrar en la casa de Jehová, en los atrios, en las cámaras, y en la purificación de toda cosa santificada, y en la demás obra del ministerio de la casa de Dios» (1 Crónicas 23:28).

DEFINICIONES DE LIDERAZGO CRISTIANO

«El liderazgo es el proceso de influir en los demás para que comprendan y acuerden lo que hay que hacer y cómo hacerlo, y el proceso de facilitar los esfuerzos individuales y colectivos para lograr objetivos compartidos».[97] Una segunda definición es esta: «El liderazgo puede ser considerado como el proceso (acto) de influir en las actividades de un grupo organizado en sus esfuerzos hacia el establecimiento de metas y el logro de metas».[98]

Una tercera definición interesante de liderazgo es la siguiente: «El liderazgo es la influencia interpersonal, ejercida en una situación y dirigida, a través del proceso de comunicación, hacia el logro de una meta o metas especificadas».[99] El liderazgo implica una distribución desigual del poder. Esto no significa que los miembros del grupo carezcan de poder; sino que el líder se ocupará en dar forma a las actividades del grupo de distintas maneras, y por regla general, este tendrá la última palabra en los asuntos que se consideren importantes para el grupo.

Goleman dice que la capacidad de liderazgo básicamente se centra en poder transmitir a las demás personas un nivel de influencia

---

[97] G. Yukl, *Leadership in organizations* (6th ed.) (Upper Saddle River, NJ: Pearson-Prentice Hall. Zalenik, A., 1992). "Managers and leaders: Are they different?" *Harvard Business Review* (2006), 8.

[98] R.M. Stogdill, "Leadership, membership and organization". *Psychological Bulletin* (1950), 3.

[99] R. Tannenbaum, I. R. Weschler, & F. Massarik, *Leadership and organization* (New York: McGraw-Hill, 1961), 24.

lo suficientemente significativo como para que puedan alcanzar objetivos y metas bajo la tutela de la persona que ejerce las veces de líder.

Existen ciertos tipos de liderazgo que son comúnmente conocidos, y todos giran en torno a conceptos convencionales y comúnmente asociados a los procesos de trabajo en equipo (autocrático, transformacional, participativo, burocrático, carismático y natural).[100]

Caliguire dice que los líderes actuales anhelan tener mentores, aquellos que estarán a su lado y les transmitirán lo que han aprendido, ya que los mentores son como guías. No necesariamente dirán lo que harían si estuvieran en sus zapatos, pero les ayudaran a descubrir lo que necesitan hacer. El diccionario Webster define el término mentor como «un consejero, un tutor sabio y fiel».[101] Los mentores estaban presentes en muchas historias de la antigüedad. En *La odisea* se le pide a Odiseo que supervise el desarrollo de su hijo Telemaco. Desde el principio Pablo buscó mentores. Aunque tenía una fuente de conocimiento intelectual y entrenamiento en la Escritura, como todo fariseo —dice Caliguire—, viajó hasta Jerusalén para encontrarse con Pedro y permaneció con él quince días (Gálatas 1:8). En Proverbios 20:18 dice: «Los pensamientos con el consejo se ordenan; y con dirección sabia se hace la guerra».[102]

El liderazgo cristiano perfecto es aquel que fundamenta su vida bajo las enseñanzas de nuestro Señor Jesucristo. En este sentido, la Iglesia es dirigida como el Buen Pastor a sus ovejas; y el buen líder —a la manera de Jesucristo mismo— es quien se encarga de dirigir, alimentar (con sus enseñanzas), consolar, corregir (con la palabra y con el ejemplo), así como proteger a todo su rebaño. Aunque la palabra

---

[100] Andrés Carrillo, "Los 6 modelos de liderazgo según Daniel Goleman" *Psicología y Mente,* Mar 25, 2019. https://psicologiaymente.com/organizaciones/modelos-de-liderazgo-goleman [Accedido 11/3/2025].

[101] Merriam-Webster, "Mentor" https://www.merriam-webster.com/dictionary/mentor. [Accesado 7/11/2023].

[102] Jeff Caliguire, *Leadership Secrets of Saint Paul* (Des Moines, IA: River Oaks Publishing, 2003), 41, 42.

liderazgo se relaciona más con la dirección y el mandato, el mejor liderazgo cristiano es aquel basado en el servicio.

Algunas de las principales características que establece la Biblia para un líder cristiano al servicio de la iglesia son los siguientes: el líder debe ser una persona que goza de excelente reputación delante de su familia, de la iglesia y del mundo; asimismo, como todos los cristianos en general, debe ser una persona de amplia pureza moral, prudencia, decoro, orden en todas las áreas de su vida, hospitalario, amable, apacible, justo, humilde; debe ser un hombre de fe, amor y esperanza. Ese es el ideal del líder cristiano. En los siguientes tres apartados veremos tres características centrales de un líder emocionalmente sano.

OFRECE AYUDA Y HONRA A DIOS CON TODO LO QUE HACE

Piper comenta que todos los ministros dicen a los fieles que sirvan a Dios. La Biblia dice: «Servid a Jehová con alegría» (Salmos 100:2). Pero puede que sea hora de decirles que *no* sirvan a Dios, porque las Escrituras también dicen: «El Hijo del Hombre *no* vino para ser servido» (Marcos 10:45). Además, dice que Dios no busca ayudantes, porque el evangelio no es un anuncio para solicitar ayuda, es un anuncio para *ofrecer* ayuda. Tampoco el llamado a servir a Cristo es un anuncio solicitando ayuda. Dice que Dios no busca personas que trabajen para Él, sino personas que le permitan obrar poderosamente en ellas, y luego mediante ellas: «Porque los ojos de Jehová contemplan toda la tierra para mostrar su poder a favor de los que tienen corazón perfecto para con Él» (2 Crónicas16:9).[103] Piper quiere decir que no basta con servir a Dios, sino que se debe servirle de la manera correcta; y también dice: «Hay una manera de servir a Dios que lo denigra y deshonra. Por tanto, debemos tener cuidado, no sea que reclutemos siervos cuya labor disminuya la gloria del Proveedor Todopoderoso».[104]

---

[103] John Piper, 55-56.

[104] Ibid.

Lo que Piper quiere decir es que los ministros del evangelio no tienen meramente un trabajo, sino que sirven de corazón a la gente porque han sido llamados por Dios para un ejercer un liderazgo basado en el liderazgo de Jesús, y con un corazón emocionalmente sano.

ESTÁ LIBRE DE LA MANIPULACIÓN

Otra característica de los líderes emocionalmente sanos es que no intentan manipular a otros, ni ellos mismos son manipulados. Según Goleman, los seres humanos tienen dos mentes: una que piensa y otra que siente, y ellas interactúan para construir la vida mental. La mente racional genera conocimiento basado en el análisis reflexivo y racional. La mente emocional, en cambio, promueve conocimiento impulsivo, en ocasiones más poderoso. Esta distinción entre lo emocional y lo racional es la que habitualmente se identifica como «el corazón» y «la cabeza».[105]

El líder debe ser un hombre o mujer sano emocionalmente, y esto también incluye que esté libre de la manipulación. Dios busca también siervos que sean libres para servirle a Él, y no que sean manipulados por algo o alguien más. Que no sean manipulados por el pasado, ni por personas —usadas por el enemigo— las cuales ejercen una influencia nociva sobre ellos. Se da el caso de que aquellos que están enfermos emocionalmente son más vulnerables a ser manipulados. Respecto al tema de la manipulación emocional, Goleman escribe algunos aspectos que considera neurológicos en este tipo de manipulación y como esta puede afectar significativamente la noción de la realidad, las capacidades objetivas e incluso las expectativas que una persona pudiera tener como individuo. Menciona que la manipulación emocional es el tipo de manipulación más común en la actualidad; y, como elemento preocupante, se trata del tipo de control mental político socialmente «mejor aceptado», más que los otros tipos de manipulación.[106]

---

[105] Daniel Goleman, *Inteligencia emocional*, 18.

[106] Fabian Goleman, *Manipulación* (Las Vegas, NV: Publicado por el autor, 2020), 59.

CREA UN AMBIENTE EMOCIONALMENTE SANO

La tercera característica de un líder emocionalmente sano que estamos viendo en este capítulo es que este es capaz de crear un ambiente emocionalmente sano. Un líder que conoce la importancia de educar a sus discípulos tanto en lo emocional como en lo espiritual es capaz de crear un ambiente de seguridad en cada uno de ellos que les permita conocer más de Dios por medio de su Palabra. El líder podrá construir y sanar a cada uno de los que llegan a él semi quebrados (con su autoestima por los suelos), y los llevará al nivel que Dios desea. El profeta Ezequiel dice: «Yo apacentaré mis ovejas, y yo les daré aprisco, dice Jehová el Señor. Yo buscaré la perdida, y haré volver al redil la descarriada; vendaré la perniquebrada, y fortaleceré la débil; mas a la engordada y a la fuerte destruiré; las apacentaré con justicia» (34: 15-16,).

Dios desea que los líderes cristianos sean aptos. No busca líderes perfectos, pero si aquellos que reconozcan sus problemas emocionales, busquen ayuda, sean ejemplo, permanezcan en el ministerio tomados de su mano, y jamás permitan que nada ni nadie les manipule, pues ellos son siervos de Dios, llamados para ejercer influencia y poder de Dios para salvación a todo aquel que cree en Jesús, e instrumentos para la edificación y el fortalecimiento de su Iglesia en la tierra.

RESUMEN

En ese capítulo repasamos, en primer lugar, algunas de las definiciones de ministerio, y de lo que significa ejercer un liderazgo. El ministerio que se ejerce en nuestros días en la Iglesia tiene algunos rasgos coincidentes con el ministerio de los levitas, por ejemplo, que fueron llamados por Dios para el ministerio, que requerían dedicación al servicio de Dios (a la casa de Dios), santidad, pureza moral y espiritual, y una vida de meditación en las Escrituras. Hoy tenemos distintos tipos de ministerio cristiano, y se puede decir, que los cristianos tienen (o deberían tener) todos algún tipo de servicio (aunque el apóstol Pablo habla de cinco ministerios principales: apóstol, profeta, pastor, evangelista, y maestro).

Por otro lado, en las definiciones de liderazgo mencioné algunos autores sobresalientes que hablan de ello. Una definición que me pareció muy atinada es la dada por R. Tannenbaum, I. R. Weschler, & F. Massarik, que dice: «El liderazgo es la influencia interpersonal, ejercida en una situación y dirigida, a través del proceso de comunicación, hacia el logro de una meta o metas especificadas». Desde luego, el liderazgo enforcado al servicio al Señor se concentra en lo espiritual.

En segundo lugar, en este capítulo hablé sobre tres características de los líderes cristianos emocionalmente sanos. Mencioné que son aquellos que sirven a Dios, pero no meramente por un interés personal, sino que lo hacen de todo corazón, y porque son llamados para ello. Asimismo, el líder emocionalmente sano es aquel que está libre de todo tipo de manipulación, es decir, no son manipulados ni tampoco manipulan a otros. La tercera característica que estuve explicado, fue que los líderes emocionalmente sanos son capaces a su vez de crear un ambiente emocionalmente sano. En el siguiente capítulo estaré hablando —en contrate— de las características de los líderes emocionalmente enfermos.

CAPÍTULO X

Características de los Líderes Emocionalmente Enfermos

A través de los siglos Dios ha levantado hombres y mujeres para que le sirvan con pasión, con amor, y con todas sus fuerzas. Sin embargo, estos líderes deben ser moldeados por el Señor y capacitados adecuadamente para su servicio. Parte de esta preparación es que pasen por un proceso de sanidad emocional, pues si esto no ocurre, su ministerio no tendrá los resultados que Dios quiere.

En este capítulo estaré hablando de cuatro rasgos que caracterizan los líderes emocionalmente enfermos: que estos no han logrado superar las heridas del pasado; que no son enseñables ni jamás han sido discipulados; que se han quedado atrapados en el pasado; y que muchos, al final, abandonan el ministerio y ya no continúan adelante sirviendo al Señor.

Estos líderes, como ya lo he estado acentuando en todo este libro, en lugar de ser una bendición para la Iglesia del Señor, son perniciosos y dañinos, y no ayudan a que las ovejas perseveren en el camino recto.

NO HA LOGRADO SUPERAR LAS HERIDAS DEL PASADO

Dice Orihuela que en ocasiones el pastor tiene un trasfondo —desde su niñez— de inseguridades, temores, dudas, etc., y su carácter está marcado por el dolor y el miedo de las heridas del pasado. Este puede llegar a la edad adulta vigoroso y con el éxito en las manos, o amargado porque la vida es cruel e injusta.[107]

Siendo este último el caso —según opina Orihuela—, este líder tiene el potencial de causar más heridas a los heridos; por lo tanto, su falta de honestidad y apertura al cambio en su propia vida, puede ocasionar que las personas que están heridas se molesten con él en la iglesia y luego decidan ya no volver. Es por ello que el líder tiene la responsabilidad de cuidar a los heridos, no de causarles mayor daño. Él es quien Dios ha elegido para cuidar de sus ovejas y ellas observan sus acciones y su ejemplo. El ejemplo del pastor es determinante para la salud espiritual de las ovejas; y mayormente de los nuevos creyentes. No obstante, un líder emocionalmente enfermo, siendo que él o ella mismo (a) no ha logrado superar las heridas que otros le han causado en el pasado, será incapaz de ayudar a que otros sean sanados a su vez.

NO ES ENSEÑABLE: NUNCA HAN PERMITIDO EL DISCIPULADO

Otra de las características de un líder emocionalmente enfermo es que no puede dejarse enseñar por otros, mantiene un hermetismo, pues cree que él o ella ya lo sabe todo, lo sabe más que aquel que tiene enfrente. Su orgullo es una de las causas por las que no ha podido sanar.

Ogden dice que el líder tiene que dirigir mucho, él es quien marca las pautas y define los roles de los neófitos. Para Jesús, esto significaba presentarse como un ejemplo vivo para que los discípulos pudieran observarle y estudiarle, [bajo el principio de que] «el conocimiento se adquiere gracias a la relación cercana, más que debido a alguna explicación». La expresión que definiría muy bien esta etapa es la siguiente: «Yo hago y tú miras».[108]

---

[107] Orihuela, 192.

[108] Gregory J. Ogden, *Discipulado que transforma: El modelo de Jesús* (Barcelona: Editorial CLIE, 2006), 88-89.

Así parece ser que, en la primera etapa del ministerio de Jesús, el rol de los discípulos era el de observar y callar. Los discípulos estaban presentes cuando Jesús entablaba una conversación, o cuando Él enseñaba a las multitudes, pero el nivel de participación de ellos era muy reducido. A uno puede darle la impresión de que los discípulos se quedaban a un lado, observando a Jesús. Él [siempre] era el centro.[109]

Por tanto, otra de las características de un líder emocionalmente enfermo es que, puesto que no deja que nadie le enseñe, probablemente él mismo nunca ha sido discipulado; así que, quien nunca fue discipulado difícilmente será capaz de discipular a alguien más.

HA QUEDADO ATRAPADO EN EL PASADO

Cloud dice que puede haber obstáculos en el carácter personal de los líderes que se interpone en su caminar, que los líderes son humanos, y como tales, tienen problemas que obstaculizan los mejores planes, ideas y acciones. Y cuando se trata de cambios, nunca faltan problemas que hacen que las personas se sienten estancadas. Y menciona que, en algún punto del proceso, estas personas no han adquirido el discernimiento, el valor y las habilidades necesarias para iniciar, concluir y completar esos cambios necesarios. «No estamos listos» —dice Cloud— «para ir donde deberíamos ir». «Por lo tanto, no vemos con claridad la necesidad de terminar algo, mantenemos falsas esperanzas o simplemente no somos capaces de hacerlo. Como resultado, quedamos atrapados en lo que ahora debería ser nuestro pasado». Esas habilidades no sólo faltan en el mundo de los negocios, sino también en el ámbito personal.[110]

---

[109] Ibíd.

[110] Henry Cloud, *Cambios necesarios* (Miami, FL: Editorial Vida, 2012), 17-18.

Esto de quedarse atrapado en el pasado significa permanecer anclado a emociones, experiencias o vivencias del pasado que no le permiten vivir plenamente en el presente ni proyectarse hacia el futuro.

ABANDONA EL MINISTERIO Y EL LIDERAZGO CRISTIANO

Los datos recientemente recopilados en la encuesta de pastores de Barna indican que los pastores estadounidenses se encuentran actualmente en crisis y en riesgo de agotamiento. En particular, solo en 2021, ha habido un aumento dramático en la cantidad de pastores que están pensando en dejar el ministerio por completo. Casi dos de cada cinco pastores han considerado dejar el ministerio. Con el bienestar de los pastores en juego y muchos al borde del agotamiento, el 38 por ciento indica que ha considerado dejar el ministerio a tiempo completo durante el último año. Este porcentaje ha subido 9 puntos completos desde que Barna hizo esta misma pregunta a los líderes cristianos a principios de 2021.

Un análisis más profundo de estos datos muestra que a algunos grupos les está yendo peor que a otros. Uno de los hallazgos más alarmantes es que el 46 por ciento de los pastores menores de 45 años dicen que están considerando dejar el ministerio a tiempo completo, en comparación con el 34 por ciento de los pastores de 45 años o más. Mantener a los líderes jóvenes adecuados —alentados y en sus roles ministeriales— será crucial para la próxima década y será de suma importancia para la vitalidad congregacional en los Estados Unidos. Otra brecha notable surge en función de la denominación, con pastores de denominaciones principales [o denominaciones históricas] mucho más propensos a considerar renunciar que los de denominaciones no principales (51% frente a 34 %). Surgen otras diferencias significativas entre los géneros, ya que las pastoras son mucho más propensas que los pastores varones a considerar renunciar al ministerio de tiempo completo y a la titularidad del ministerio. Específicamente, cerca de un tercio de los pastores que están considerando renunciar han estado en el ministerio durante unos 20 años, pero han estado en su iglesia actual durante siete años.

Solo uno de cada tres pastores es considerado «sano» en términos de bienestar. Barna ha estado verificando durante mucho tiempo el bienestar de los pastores, incluso evaluando su riesgo de agotamiento desde 2017. Más recientemente, los datos de octubre de 2021 muestran que a muchos pastores no les está yendo bien en múltiples categorías de bienestar, incluidas las espirituales, físicas, emocionales, vocacionales y financieras.[111]

Los líderes generalmente brindan orientación pastoral y consejería de bienestar emocional a los miembros de la iglesia; estos pueden ser consejos dados en situaciones de crisis y en situaciones urgentes tales como muertes de familiares, enfermedades graves, lesiones, hospitalizaciones, adicciones, depresión, ansiedad, e incluso, en casos de suicidio. No obstante, todos pasan por alto el bienestar del líder mismo, su bienestar personal y psicológico.

Por su parte, el líder tiende a no buscar ayuda. Las actitudes hacia la búsqueda de ayuda psicológica profesional tienen sus orígenes más complejos en factores sociales y culturales relacionados con la percepción de la psicología profesional, así como en las alineaciones confesionales, las relaciones pastorales y de tutoría individuales, y en la exposición a una filosofía de asesoramientos noético [de noesis, visión intelectual]... sin embargo... en momentos de crisis espiritual, debilidad, estrés o lucha, estos factores no necesariamente influyen en la voluntad del pastor para buscar ayuda psicológica profesional.[112]

---

[111] Barna Group, "30% of U.S. Pastors Have Thought About Quitting Full-Time Ministry in the Past Year", Barna Group, Nov 16, 2021, https://www.barna.com/research/pastors-well-being/ [Accedido 11/3/2025].

[112] E. Salwen, L. Underwood, y G. Dy-Liacco, "Self-Disclosure and Spiritual Well-Being in Pastors Seeking Professional Psychological Help", *Pastoral Psychology* 66 (4) (2017): 516.

RESUMEN

En este capítulo estuve hablando de tres rasgos que distinguen a un líder emocionalmente enfermo. Pienso que estas tres cosas son particularmente recurrentes. La primera es que tales personas no han sido capaces de superar las heridas del pasado, no han tenido la honestidad ni la apertura para provocar un verdadero cambio en su vida, y por ello van por la vida con las heridas emocionales abiertas.

En segundo lugar, he dicho que esta clase de líderes no son enseñables, es decir, jamás se han prestado para recibir algún tipo de disciplinado. Ellos creen que lo saben todo y que no necesitan aprender de nadie. Sin embargo, he dicho también, que este tipo de personas jamás serán capaces de brindar un discipulado efectivo, porque el discipulado es, en primer lugar, mediante el ejemplo.

El tercer lugar he dicho también que los líderes emocionalmente enfermos han quedado atrapados en el pasado, es decir, sus vidas permanecen ancladas a experiencias o vivencias del pasado las cuales no les permiten vivir el presente ni proyectarse hacia el futuro.

Finalmente, he dicho también que la tendencia de este tipo de líderes es abandonar el ministerio, pues en realidad no le interesan las ovejas del Señor, ni servirle de todo corazón. En el siguiente capítulo, el cual será el último de esta Parte Tres, habla de las consecuencias de la enfermedad emocional en los ministros líderes

CAPÍTULO XI

Consecuencias de la Enfermedad Emocional en los Ministros Líderes

Scazzero comenta que las iglesias que están atascadas en una cultura de discipulado superficial son aquellas cuyo ministerio está seriamente socavado, es decir, son las iglesias cuyo ministerio carece de impacto. También habla acerca del sistema de discipulado que con demasiada frecuencia tiene por consecuencia que la gente sea menos íntegra, menos humana y menos parecida a Jesús (en vez de ser más íntegra, más humana y más parecida a Jesús). Él dice que esto tiene su raíz en las fallas emocionales, en problemas de inmadurez emocional; y dice que, en algunas iglesias, con el tiempo, las expectativas en cuanto a lo que significa ser espiritual se ha diluido hasta el punto de quedarse ciegas ante muchas incoherencias evidentes.[113] Entre estas fallas, él menciona:

TOLERAN LA INMADUREZ EMOCIONAL

- Puede ser un excelente adorador para Dios en público, pero es un cónyuge carente de amor o un padre airado en el hogar.

- Puede funcionar como líder y sin embargo ser incapaz de

---

[113] Peter Scazzero, 41-44

aprender de otra persona, mostrarse inseguro y estar siempre a la defensiva.

- Puede citar la Biblia con soltura, y aun así no ser consciente de su propia facilidad para reaccionar.

- Puede tener la costumbre de ayunar y orar y no obstante ser crítico entre los demás, justificando sus críticas como casos de discernimiento.

- Puede ser líder de las personas «para Dios» cuando en realidad la motivación primaria sea una enfermiza necesidad de ser admirado por los demás.

Puede dirigir un ministerio de grandes dimensiones con poca transparencia, compartiendo muy pocas veces sus luchas y debilidades.

Y Scazzero dice que la razón número uno es porque tales líderes han dejado de medir el amor a Dios por el grado en que aman a los demás; dice también que la razón número dos es que estos elevan lo espiritual y desconfían de lo emocional; la mayoría de los líderes cristianos valoran lo espiritual por encima de los demás aspectos de la humanidad que Dios les ha dado: lo físico, emocional, social y lo intelectual.[114]

INSISTEN MÁS EN HACER PARA DIOS QUE ESTAR CON DIOS

Uno de los mayores desafíos que enfrenta todo el que es líder de un ministerio —dice Scazzero— consiste en lograr un equilibrio entre hacer para Dios y estar con Él. Sucede que la mayoría de los líderes, ya sea por andar de prisa, por no administrar correctamente el tiempo, por terminar exhaustos, o por exagerar en cuanto a la resolución de las necesidades que les rodean, escatiman en su relación con Dios. Así que, con el tiempo, el privilegio de guiar a otros se va con-

[114] Ibid.

virtiendo en una verdadera carga, una carga que violenta el alma, les irrita, les vuelven resentidos, atascados en una mala situación, y desconectados de Dios.

DEFINEN EL ÉXITO DE UNA MANERA EQUIVOCADA

Para la mayoría hay un valor que es absoluto: lo más grande es siempre lo mejor. Se quiere tener las cuentas de banco más grandes, una influencia mayor en las redes sociales, casas más grandes, presupuestos elevados. Los líderes miden el éxito por el número de miembros, y la meta es siempre llegar a ser mayores; pero cuando todo esto baja se sienten abatidos y se consideran fracasados. Scazzero menciona que no está diciendo que el deseo de estas cosas sea malo en sí, sino que el problema surge cuando los números son la única cosa que medimos, y que esto se convierta en la señal máxima del éxito.[115]

También, entre lo que afecta el ministerio, cuando no se está en estado emocionalmente saludable, se pueden mencionar, entre otras patologías:

1. LA DEPRESIÓN

Aunque ya la he mencionado en el capítulo 7 como una de las patologías que desequilibran la sanidad emocional, aquí la menciono como una consecuencia de la enfermedad emocional de los líderes. La depresión es causante de muchos problemas mentales; por eso veo la necesidad de escribir acerca de la sanidad emocional e informar acerca de los beneficios que conlleva que los líderes busquen ayuda, y que comuniquen sus problemas sin miedo a ser señalados, pues de esta manera seguirán el camino hacia su propia liberación.

Los Ángeles Times reportó que Jarrid Wilson, un joven pastor de 30 años quien abogaba por la salud mental, terminó sus días suicidándose. Y este, antes de morir, escribió en Twiter una extraña

---

[115] Peter Scazzero, 41-44.

declaración: «Amar a Jesús no siempre cura los pensamientos suicidas. Amar a Jesús no siempre cura la depresión. Amar a Jesús no siempre cura el Síndrome Post Traumático. Amar a Jesús no siempre cura la ansiedad. Pero eso no significa que Jesús no nos ofrezca compañía y consuelo. Él SIEMPRE hace eso». Y esa noche misma noche cuando Wilson escribió eso, se suicidó.

Wilson era pastor asociado en Harvest Christian Fellowship (Riverside, California) y de él, Greg Laurie, el fundador de la iglesia declaró: «Él era vibrante, positivo, y siempre estaba sirviendo y ayudando a otros». Laurie también dijo: «Se sabía que Jarrid tenían problemas con la depresión, y él hablaba abiertamente sobre sus continuas luchas. Quería ayudar especialmente a aquellos que estaban lidiando con pensamientos suicidas. Trágicamente, fue él mismo quien se quitó la vida».[116]

El fallecimiento de Wilson el lunes siguió a la muerte de Andrew Stoecklein, también de 30 años de edad, pastor principal de la iglesia Chino Inland Hills Church, quien murió por suicidio en agosto pasado de 2019, unos días después de predicar un sermón sobre sus propias luchas contra la enfermedad mental. Ambos hombres dejaron una esposa e hijos pequeños. La muerte de los jóvenes pastores ha sacudido a los líderes cristianos evangélicos, dijo Ed Stetzer, director ejecutivo del Centro Billy Graham en Wheaton College en Illinois, quien había hablado en repetidas ocasiones con Wilson sobre la defensa de la salud mental. Muchos pastores, manifestó, esconden su propia enfermedad mental porque temen que sus congregaciones no escuchen a alguien que está luchando. «Se supone que los pastores deben proporcionar ayuda, no necesitar ayuda. Supuestamente

---

[116] Harley Branson-Potts, "Otro joven pastor que abogaba por la salud mental muere por suicidio", Los Angeles Times, Sep. 12, 2019. https://www.latimes.com/espanol/https:/www.latimes.com/california/articulo/2019-09-12/california-mega-iglesia-pastor-suicidio-sanidad-mental. [Accesado 11/3/2025].

los pastores deben hablar de la vida, no de la desesperación. Pero eso no es la realidad», dijo Stetzer.[117]

2. LA MANIPULACIÓN

De la manipulación ya se habló anteriormente; sin embargo, vale la pena ahondar un poco más y definirle como una de las patologías que afectan gravemente el ministerio. La manipulación se puede dar en dos vertientes: cuando el líder es manipulado por otros líderes (muchas veces informales dentro de la iglesia) o cuando él o ella mismo es un manipulador.

La universidad de Harvard hizo público un artículo de Cass R. Sustein en donde se explica con detalle el significado del término manipulación. En las primeras páginas de su artículo, Sustein define en términos generales la manipulación de la siguiente manera:

> Se puede decir que una declaración o acción es manipuladora si no involucra suficientemente la capacidad de las personas para la elección reflexiva y deliberativa. Un problema de la manipulación, tal y como es entendida, es que no respeta la autonomía de las personas y es una afrenta a su dignidad. Otro problema es que, para los que son objeto de la manipulación, sus elecciones podrían no promover su propio bienestar, sino el bienestar del manipulador.[118]

Mientras tanto, la prestigiosa página WebMD, publica una definición más precisa aún. Dice que la manipulación es el ejercicio de una influencia dañina sobre otros; que la gente que manipula a

---

[117] Harley Branson-Potts, "Otro joven pastor que abogaba por la salud mental muere por suicidio", Los Angeles Times, Sep. 12, 2019. https://www.latimes.com/espanol/https:/www.latimes.com/california/articulo/2019-09-12/california-mega-iglesia-pastor-suicidio-sanidad-mental. [Accesado 7/11/2023].

[118] Cass R. Sunstein, "Fifty Shades of Manipulation", Journal of Marketing Behavior: Vol. 1: No. 3-4, pp 213-244 (2016). http://dx.doi.org/10.1561/107.00000014 [Accesado 7/6/2023].

otros ataca sus lados mentales y emocionales para obtener lo que ellos quieren. Así, el manipulador crea un desequilibrio de poder, a fin de crear ventajas a su favor y obtener poder, control, beneficios y privilegios. También, los manipuladores hacen que el manipulado sienta que está actuando con ellos irracionalmente.[119] Se da el caso de líderes que tienen problemas psicológicos que tienden a manipular a otros para ir tras su agenda, y esto pudiere suceder aún en la iglesia misma.

En su opinión, Derek Prince dice que la manipulación está íntimamente relacionada con la hechicería. El diccionario define hechicería como el arte de ejercitar poderes mágicos, el efecto o la influencia de poderes mágicos o un encanto o influencia atractiva o seductora. Sin embargo, la Palabra de Dios va más allá identificando la hechicería con la primitiva y universal religión de una humanidad caída. Cuando la raza humana se volvió en rebelión contra Dios, el poder que se movió ahí fue la hechicería. Diferentes grupos de personas han practicado distintos tipos de hechicería, pero hay ciertos elementos que son comunes a todos.

En muchas partes del mundo la práctica abierta de la hechicería continúa siendo la misma desde hace siglos. En las naciones con historia cristiana (el occidente), la hechicería se ha adaptado a la cultura y ha tomado ciertas formas especiales. Un propósito común de todas las formas de hechicería es el control. Cualquiera que sea la actividad religiosa, si busca el control de otras personas, la influencia de la hechicería está probablemente envuelta.[120]

---

[119] Jabeen Bugum, "Manipulation: Symptoms to Look For", WebMD, Abril 03, 2023. https://www.webmd.com/mental-health/signs-manipulation [Accesado 7/6/2023].

[120] Derek Prince, "The Seeking of Control", Derek Prince Ministries, 2006. https://www.derekprince.com/teaching/06-3 [Accesado 7/7/2023].

3. LA RELIGIOSIDAD

Erdely dice que los líderes enfermos emocionalmente con frecuencia se niegan a ser cuestionados en cuanto a sus conductas personales, aunque imponen a otros estrictas reglas morales. Estos suelen ser agresivos, cínicos y aun peligrosos cuando alguien decide desobedecer a sus caprichos o no acceder el ser explotado. Este tipo de liderazgo se puede encontrar prácticamente en cualquier organización. Erdely habla del caso de una joven universitaria llamada Joanna, quien fue engañada por un líder que parecía ser una persona sana, dulce y noble; uno quien, aparentemente, poseía un vasto conocimiento de la Biblia; un hombre que parecía ser admirable y hablaba mucho del amor de Dios. Parecía ser muy espiritual, sensible y con mucha preocupación por las ovejas; sin embargo, era un manipulador profesional de los sentimientos.

Él menciona también otro caso, el de la familia López. Una familia honorable quien estaba bajo el liderazgo de un pastor denominacional. Este era un dirigente casado, de edad madura, de aspecto serio, educado, con carácter fuerte y don de mando. Un hombre que se apegaba a los credos y principios tradicionales de su denominación. Su trato con la gente era seco, se mostraba formal, y era muy apegado a las actividades religiosas. Sin embargo, era un líder que decía a sus congregantes que «debían de obedecerlo en todo», incluyendo ser sus cómplices en fraudes financieros; este trató de obligar a la familia López a ser parte de sus negocios sucios.

En cambio, David Koresh, diferente a los anteriores, tanto en su manera de vestir como de vivir, era vulgar para predicar, sus enseñanzas no tenían enfoque especial en el amor ni estaban basadas en un credo denominacional. Su énfasis más bien estaba en las enseñanzas apocalípticas y sus «revelaciones personales». No era el típico pastor. Era totalmente diferente en su manera de ser a los líderes autoritarios anteriores, pero su estilo resultaba atractivo para cierta audiencia. En resumen, dice Erdely, los malos líderes religiosos pueden ser distintos unos a otros. Sin embargo, son líderes religiosos que han sabido usar la religiosidad para lograr sus fines personales.[121]

4. EL DINERO

Jesús les refirió una parábola, diciendo:

La heredad de un hombre rico había producido mucho. Y él pensaba dentro de sí, diciendo: ¿Qué haré, porque no tengo dónde guardar mis frutos? Y dijo: Esto haré: derribaré mis graneros, y los edificaré mayores, y allí guardaré todos mis frutos y mis bienes; y diré a mi alma: Alma, muchos bienes tienes guardados para muchos años; repósate, come, bebe, regocíjate. Pero Dios le dijo: Necio, esta noche vienen a pedirte tu alma; y lo que has provisto, ¿de quién será? Así es el que hace para sí tesoro, y no es rico para con Dios (Lucas 12:16-21).

Aquí hay una parábola que muestra la necedad de los mundanos carnales mientras viven, y su miseria cuando mueren. El carácter descrito es exactamente el de un hombre mundano prudente que no tiene gratitud hacia la providencia de Dios, ni un pensamiento recto sobre la incertidumbre de los asuntos humanos, el valor de su alma o la importancia de la eternidad. ¡Cuántos, aún entre cristianos profesos, señalan a personajes semejantes como modelos para imitar y personas con las cuales sería bueno relacionarse! Erramos si pensamos que los pensamientos se pueden ocultar, y que los pensamientos son libres. El hombre del relato de Jesús, cuando vio una gran cosecha en su terreno, en lugar de dar gracias a Dios por ella, o de regocijarse por tener mayor capacidad para hacer el bien, se aflige: «¿Qué haré ahora?». El mendigo más pobre del país no podría haber dicho algo con mayor ansiedad.

---

[121] Jorge Erdely, *Pastores que abusan* (Miami, FL: Unilit, 2002), 163-165.

Mientras más tengan los hombres, más confusión tienen. Fue necio al no pensar en usar de otro modo la riqueza, sino en darse gustos carnales y satisfacer los apetitos sensuales, sin pensar en hacer el bien a los demás. Los mundanos carnales son necios; y llega el día en que Dios los llamará necios, pues ellos merecen ser llamados así. La muerte de tales personas es miserable en sí y terrible para ellos: «esta noche vienen a pedirte tu alma». Él detesta separarse de sus bienes, pero Dios lo requerirá, requerirá una rendición de cuentas, lo requerirá como alma culpable, para ser castigado sin demora. La necesidad de la mayoría de los hombres es preocuparse y perseguir lo que es sólo para el cuerpo y para este tiempo, y no para el alma y para la eternidad.[122]

RESUMEN

En este capítulo estuvimos viendo algunas de las consecuencias que se derivan de las enfermedades emocionales en los líderes cristianos. Dije primero que las enfermedades emocionales derivan en inmadurez emocional: gran adorador en público, pero un marido sin amor y un padre airado; bueno para dirigir, pero inseguro y a la defensiva; con conocimiento bíblico, pero irreflexivo; con disciplinas espirituales, pero critico e intolerante con los demás; tal persona es motivada por la admiración de la gente, y carece de trasparencia.

Otro de los derivados de estas enfermedades emocionales es que, quienes las padecen, insisten en tener un ministerio, pero carecen de cercanía y apego real a Dios. El tercer punto tocado en este capítulo es que esta clase de líderes definen el éxito exactamente como el mundo lo define: grandes cuentas bancarias, mayor influencia en las redes sociales, casas más grandes, presupuestos elevados, mayor número de miembros.

---

[122] Matthew Henry, "Luke 12 Bible Commentary", Christianity.com, 2023. https://www.christianity.com/bible/commentary/matthew-henry-complete/luke/12 [Accesado 7/7/2023].

Luego repasé algunas de las patologías que recurren más en los líderes cristianos: la depresión (en donde mencioné el caso de algunos que incluso llegaron al suicidio); la manipulación y de ahí definí, en palabras de Sustein, esta palabra: «una acción manipuladora es la que no involucra lo suficiente la capacidad de las personas para la elección reflexiva y deliberativa. Es cuando la autonomía no es respetada y se afrenta su dignidad; y en donde se promueve no el bien de los liderados sino el del manipulador. También mencioné lo que dice Derek Prince respecto al tema, que tiene indicios de operación demoniaca (hechicería). Como otra de las patologías que se aplicas es la religiosidad, y mencioné casos en donde se presenta tal situación. Y al final mencioné el amor por las riquezas como otra de estas patologías.

***

De esta manera concluimos la Parte Tres. En la parte Cuatro veremos las recomendaciones de cómo sanar las enfermedades emocionales a fin de crear líderes cristianos emocionalmente sanos.

PARTE CUATRO: CÓMO SANAR LAS ENFERMEDADES EMOCIONALES DE LOS LÍDERES

INTRODUCCIÓN

A lo largo de este libro he estado haciendo un análisis respecto a la sanidad emocional de los líderes cristianos desde el punto de vista teológico, psicológico, y ministerial; y en cada uno de estos segmentos he mencionado someramente lo que considero será la solución para el problema de la enfermedad emocional en los líderes.

No obstante, en este última parte —la Parte Cuatro—, estaré hablando en más detalle, y de manera más precisa, respecto a los lineamientos que propongo para que, seguidos, sirvan de solución definitiva al problema de la enfermedad emocional.

Encuentro que toda la gente —en algún momento de su vida— podría haber dicho palabras o acciones hirientes a su prójimo, ya sea sin que esto haya sido consciente o con la intención de causar un daño, o bien movido por influencias malignas, siendo esto último una condición en la cual, el sujeto entiende que sus palabras o acciones están dañando e hiriendo a alguien más, y lo hace por placer (por venganza, por rencor o ambición insana, etc.). Por esta razón, se puede decir que todos han sufrido heridas emocionales. De esto Stamateas dice que el maltrato está creciendo, y que la forma

---

[123] Bernardo Stamateas, *No me maltrates* (Barcelona: Ediciones B, S.A., 2013), 13.

en que los seres humanos se tratan y relacionan unos con otros es cada vez más agresiva e impulsiva. Por eso, todos —dice él— necesitan aprender a expresar de una manera positiva la frustración, el enojo, la ira, la impulsividad, cosas que, por diversos motivos, aún no han sido sanadas en su interior.

En esta última parte estaré aplicando el conocimiento que he estado mencionando y propondré soluciones al problema emocional de los líderes

<><><><><><><><><><><><><><><><><><>

<><><><><><><>

CAPÍTULO XII

Dios Desea Sanar las Emociones del Individuo

Dios no creó seres humanos enfermos emocionalmente. Él creó las emociones, no para que fuesen usadas de manera impropia, sino para su gloria, y para el bien de la humanidad. Aun las emociones que consideramos «negativas» fueron puestas por Dios en el individuo con un fin positivo y benigno.

No obstante, el pecado convirtió las emociones en algo perjudicial y estas arrastraron al ser humano a la rebeldía contra Dios, y a su autodestrucción. Pero, ¡gracias sean dadas a Dios! Que en Cristo Jesús tenemos el Camino para la sanidad total a estas enfermedades emocionales que continuamente padece la humanidad.

En este capítulo estaremos hablando de cómo es el deseo de Dios sanar a los seres humanos, y en especial a los líderes cristianos, pues su sanidad es clave para traer restauración espiritual a la Iglesia, y en consecuencia, a la humanidad caída.

LA NECESIDAD DE UNA ENTREGA TOTAL

El corazón humano físico está dividido en cuatro partes: dos aurículas y dos ventrículos. La aurícula derecha recibe la sangre proveniente de todo el cuerpo (sin oxígeno) y la pasa al ventrículo derecho. El ventrículo derecho bombea la sangre hacia los pulmones para ser oxigenada y de ahí regresa a la aurícula izquierda y luego al ventrículo izquierdo, de donde es bombeada a todo el cuerpo. Esta bomba de carne perfectamente diseñada por Dios permite que la sangre circule de manera continua, y lleva oxígeno y nutrientes a cada célula del organismo. El corazón es un órgano vital que sostiene la vida, y trabaja incansablemente desde el primer latido hasta el último.

Ahora bien, si el corazón físico es equiparado con el corazón invisible (el alma), se podría decir que —en el caso de una persona emocionalmente enferma—, tan solo una de esas cuatro partes le es entregada a Dios, y el resto está ocupado por las marcas que han dejado las malas experiencias y las heridas del pasado. Esos son puntos negros o cicatrices que afectan el presente y, en consecuencia, también el futuro (a menos de que ese corazón le sea entregado totalmente a Dios). La consecuencia de esta falta de entrega total hará que el plan que Dios tiene para esa vida sea detenido. Jesús es el Doctor de la humanidad y el único que sana totalmente las heridas del alma, pues dice su Palabra en Éxodo 15:26b «Porque yo soy Jehová tu sanador», sin embargo, esta entrega de la que hablo es necesaria y la participación del hombre en este sentido es indispensable: él o ella debe entregarse voluntariamente a Él de todo corazón.

Todos deberían recordar que cuando el corazón se daña, existe en Dios la solución para obtener esa sanidad anhelada, esto siempre y cuando el individuo parta de una idea básica: querer cambiar, es decir, él o ella desea ya no continuar como ha sido. Ezequiel 36:26 dice que, si el requisito anterior es cumplido, Dios pondrá en el hombre un corazón nuevo y un espíritu nuevo. Quitará de él ese corazón duro como la piedra y pondrá en su lugar un corazón dócil.

Dios ha dado promesas muy poderosas en su Palabra y son para todo aquel que las tome. Una de ellas es que Él sanará el corazón humano, sanará su interior, a fin de que el hombre y la mujer sean sabios y prudentes y amen de corazón a su prójimo; y esta sanidad implica también que Él le otorgará —como lo ha prometido en su

Palabra— un nuevo corazón, esto quiere decir, le dará sanidad emocional completa.

DIOS SANA EL CORAZÓN

Salmos 34:18 dice: «El Señor está cerca para salvar a los que tienen el corazón hecho pedazos y han perdido la esperanza» (DHH). Dios está cerca; no se necesita acudir a un lugar específico, ni esperar para tener una cita; Dios está cercano, Él está tan cercano como a la distancia de una oración. Que una persona tenga un corazón hecho pedazos significa que ha sido golpeado en la vida por situaciones que juzga son injustas. Sus sentimientos han sido afectados y no siente paz; se angustia, se atemoriza, le falta fuerza para vivir. Sin embargo, Dios dice que Él está ahí para arreglarlo todo. Él promete que Él se encargará de arreglarlo todo para quien acude a Él.

Una persona cuyo corazón ha sido deshecho, y ha perdido la esperanza, marcha por la vida sin potencia para dar todo de sí; su desarrollo se ha detenido, y no puede hacer pie. Pasa la vida como un muro mudo, como el pájaro solitario en el tejado (Salmos 102:7). Pero para estas personas Dios está cerca, a una palabra.

DIOS SANA LA MENTE

Salmos 147:3 dice: «Él sana a los que tienen roto el corazón y les venda las heridas». Para quienes acuden a Él, el Señor tiene sanidad. Él pone sus emociones en orden y renueva sus fuerzas. Quienes han padecido el resquebrajamiento del corazón viven llenos de temores y ansiedades. Son desconfiados y mal pensados; no pueden evitar actuar movidos por sentimientos negativos y se esconden dentro de un grueso caparazón, ajenos al mundo. Pero Dios promete vendar las heridas y hacer de cada persona como un niño: un ser lleno de amor, de compasión, de agradecimiento, de buenos pensamientos. La venda del corazón es quitada, y esto implica la sanidad emocional: el Señor devuelve el gozo al alma, y le da su dulce paz.

No hay problema —por grande que sea—, que el Señor no pueda resolver, ni trauma ni tragedia que Él no pueda volver para bien. El Todopoderoso se especializa en casos que para los hombres son difíciles, y sin importar la condición humana, Él la restaura.

«Dejen todas sus preocupaciones a Dios, porque él se interesa por ustedes» (1 Pedro 5:7).

Una de las características de Dios es que Él es inmanente: que es inherente a los asuntos humanos, que se interesa en ellos, no solo en la colectividad, sino en el individuo en particular. Él desea tener una relación personal con cada uno, le ama y se interesa en sus problemas, se interesa en sus sentimientos, se interesa en todas las áreas del ser humano. Algunos pueden pensar que Dios ayuda a quien quiere, a unos sí y a otros no; pero Él no hace acepción de personas y trata a todos por igual. Cuando dice: «Venid a mí todos los que estáis trabajados y cargados, y yo os haré descansar» (Mateo 11:28), lo dice a todos y cada uno de los seres humanos. Cuando dice «venid a mí todos» incluye a todos, y no tan solo a unos cuantos. No tan solo a unos cuantos «elegidos», sino a todos. Dios se interesa por cada individuo, y por todo lo que le sucede; Él desea intervenir para ayudarle.

«La paz os dejo, mi paz os doy; yo no os la doy como el mundo la da. No se turbe vuestro corazón, ni tenga miedo» (Juan 14:27).

Leaf menciona que el manejo de la mente es una habilidad que necesita ser aprendida y actualizada constantemente a medida que el ser humano madura desde la niñez hasta la edad adulta. Por cada nueva experiencia es necesario un nuevo conjunto de herramientas para el manejo de la mente. No es posible controlar los eventos y las circunstancias de la vida, pero sí es posible aprender a controlar las reacciones; [esta educación de la mente] ayuda a lidiar y manejar los muchos desafíos que son enfrentados.[124]

---

[124] Carolina Leaf, *Limpia tu enredo mental* (Madrid: Belmont Traductores, 2021), 23-24.

Lo que mucha gente no sabe es cuándo es el momento correcto de manejar la mente a fin de que esta pueda mantener una buena salud. Al meditarlo bien, el cristiano es capaz de reconocer que cada experiencia que tiene en la vida es una oportunidad para que Dios demuestre que Él es el Sanador emocional de la humanidad, y que Él es poderoso para mantener un corazón saludable y librar al cristiano de las consecuencias nefastas de las emociones enfermizas. Si el cristiano no aprovecha esta gran bendición que ofrece el Señor, las emociones enfermizas y pecaminosas dominarán su pensamientos y decisiones. Jesús dijo: «Todo aquel que hace pecado es un esclavo del pecado» (Juan 8:34).

Para con Dios la sanación que Él ofrece no tiene fecha de vencimiento; es decir, siempre está disponible mientras el individuo esté con vida; sin embargo, si no aprovecha la oportunidad de Dios, las cosas viejas que permanecen en el alma y en la mente dominarán las emociones y él o ella será esclavo/a de ellas hasta que no acuda al Señor para darle esa sanidad.

RESUMEN

En este capítulo estuvimos hablando del interés que Dios tiene para sanar a los quebrantados de corazón, es decir, a los enfermos emocionales. Mientras que Dios, como Creador, desea la restauración y sanidad de la humanidad, requiere de esta una entrega total. El ser humano necesita entregar a Dios su vida totalmente, y dejar que Dios le sane. Si esta condición es cumplida, el Todopoderoso le dará un corazón nuevo, es decir, una vida de salud emocional.

El Salmo 34:18 dice que Dios está cercano para los quebrantados de corazón. Este versículo se refiere a quienes se humillan ante Dios, para quienes están dispuestos a acercarse. Y para ellos, Dios no está lejos, antes está tan cercano como a una oración. De esta manera, aquel cuyo corazón ha sido hecho pedazos es sanado, y de ser un pájaro solitario sobre el tejado (Salmos 102:7), ahora se convierte en aquel que habita en familia (Salmos 68:6).

En su Palabra, Dios ofrece sanidad para la mente, el regreso del gozo al alma y de la paz que proviene de Él. Él ha prometido que se interesa por nosotros (1 Pedro 5:7), quiere llevar nuestras cargas (Mateo 11:28), y darnos su paz (Juan 14:27). Por todo esto, por todos lados en las Escrituras encontramos que Dios se interesa en nuestra salud mental y sanidad del alma

CAPÍTULO XIII

Preparando el Corazón para la Sanidad Emocional

En este capítulo veremos, principalmente las conductas que son esenciales para lograr la sanidad emocional. Empezaré hablando principalmente de una teoría desarrollada por Carolina Leaf para lograr tal estado, y lo que ella, como experta en el tema, recomienda. Estas recomendaciones no necesariamente están en contraposición de lo que la Biblia enseña, y vale la pena repasarlas.

Posterior a este repaso, dedicaré un apartado para hablar de cómo las soluciones seculares (obviamente del campo de la psicología) para la sanidad emocional podrían contrastar con la solución bíblica o bien, como esta podría ser un complemento.

La Biblia no es un libro que trate de manera central la sanidad emocional, pues su enfoque es la restauración espiritual del ser humano mediante la persona de Cristo; sin embargo, el tema emocional es muy recurrente debido a la naturaleza pecaminosa del hombre. Por tanto, como ya lo he dicho anteriormente, Dios no está en contra del conocimiento que el hombre pueda adquirir del comportamiento y patrones mentales presentes en el ser humano, antes bien, Él desea que nos auxiliemos de todo tipo de conocimiento que sea útil para sanar emocionalmente y nos mantengamos en esa sanidad. Aunque la obra de sanidad es realizada por el Espíritu Santo, es el mismo Espíritu de Dios quien pone a nuestro alcance este conocimiento.

En el último y más extenso apartado de este capítulo estaremos viendo las conductas que son esenciales para la sanidad emocional.

EL CAMBIO DE HÁBITOS

Stamateas dice que la solución al problema [emocional] se trata de una «expresión positiva» de las cosas que Efesios 4 menciona que se deben evitar del todo. Por su parte, Carolina Leaf, en su libro, habla de cinco pasos que dice que han sido científicamente probados para eliminar de raíz la ansiedad, la depresión y los pensamientos tóxicos, cosas que, de seguirse, habrán de producir una salud mental físicamente mejorada. Su plan consiste en la aplicación de los principios que ella enseña, en 21 días. Como una autora secular, ella enseña que, si la mente de alguno «es un enredo», su estilo de vida lo reflejará y esto afectará su salud física y mental. Ella dice que no existe un arreglo rápido ni una formula uniforme para la sanidad [mental] ni para la felicidad, puesto que —concluye ella— los eventos y circunstancias de la vida no se pueden controlar; no obstante —continúa—, se puede aprender a controlar las reacciones, y de esta manera lidiar y manejar los desafíos que uno enfrenta.[125] Los cinco pasos que ella propone para lograr salud emocional son los siguientes: (1) *Recolectar*: esto significa tomar conciencia de tus pensamientos y emociones tóxicos, sensaciones corporales y comportamiento. En otras palabras, esto significa estar alerta respecto a las cosas negativas que pensamos y sentimos: «Siento que ella me está mintiendo, que no puedo confiar en esa persona, eso me hace estar ansioso y no tengo suficiente paz mental». (2) *Reflexionar*: esto habla de preguntarnos por qué estamos sintiendo lo que estamos sintiendo, y cuál es exactamente la raíz del problema: ¿Qué es exactamente lo que me hace desconfiar de esa persona? ¿Es algo real o imaginario? ¿Por qué necesitaría estar ansioso por ello, qué obtengo de ello? ¿Por qué eso no me está trayendo paz mental? Etc. (3) *Escribir*: esto quiere decir que necesitamos poner por escrito lo que pensamos y lo que estamos reflexionando. (4) *Re-*

---

[125] Carolina Leaf, 23-24.

examinar: en este paso necesitamos evaluar lo que hemos escrito en el punto (3) y buscar nuevas perspectivas, maneras saludables de pensar. (5) *Pensar y actuar*: una acción práctica y un pensamiento positivo que reemplace los pensamientos negativos. Esto nos hará consolidar nuevos hábitos mentales y creará una red neuronal sana. Según lo escrito por Leaf, esto se debe practicar por 21 días seguidos para establecer pensamientos saludables, y por 63 para que se forme un hábito.[126]

Aunque los autores seculares hablan de que las enfermedades emocionales no se pueden realmente evitar, y ellos hablan de canalizarlas, aprender a expresarlas positivamente y a controlarlas. No obstante, la Biblia habla de *quitarlas*: «Quítese de vosotros toda amargura, enojo, ira, gritería y maledicencia, y toda malicia» (Efesios 4:31).

EL CONTRASTE DE LA SOLUCIÓN EMOCIONAL BÍBLICA: UNA EXPLICACIÓN PROPUESTA

Un versículo pasaje clave que habla de esto es Efesios 4:30-32: «Y no contristéis al Espíritu Santo de Dios, con el cual fuisteis sellados para el día de la redención. Quítense de vosotros toda amargura, enojo, ira, gritería y maledicencia, y toda malicia. Antes sed benignos unos con otros, misericordiosos, perdonándoos unos a otros, como Dios también os perdonó a vosotros en Cristo».

El pasaje de Efesios ordena que el cristiano no puede manifestar enfermedades emocionales y ofrece el antídoto para ello: «Sed benignos unos con otros, misericordiosos, perdonándoos unos a otros, como Dios también os perdonó a vosotros en Cristo».

Las experiencias emocionales negativas pueden ser distintas para cada persona, pero las consecuencias son las mismas: desánimo, ira, amargura, enojo, gritería, ansiedad, depresión, etc., y estas emociones, puesto que son pecaminosas, dañan al individuo. Unas expe-

---

[126] Carolina Leaf, 165-186.

riencias podrían ser más traumáticas que otras, no obstante, la orden de Dios es que sean quitadas las reacciones derivadas *normalmente* [en la carne], y de estas experiencias, no admite excepciones ni distingue grados de gravedad. Otro versículo habla del amor como la solución definitiva: «Amados, amémonos unos a otros; porque el amor es de Dios. Todo aquel que ama es nacido de Dios, y conoce a Dios. El que no ama, no ha conocido a Dios; Porque Dios es amor» (1 Juan 4:7).

Hablando del problema emocional, Cloud comenta sobre el pasaje escrito por el apóstol Pablo en Romanos 8:29: «Los predestinó a ser transformados según la imagen de su Hijo». Él dice que lo que este versículo quiere decir es que la meta de cada líder es ser como Cristo. El problema —continúa Cloud— es averiguar cómo ser más como Él ... pues en muchas ocasiones el cristiano se siente tan impotente incluso para controlar [cosas tan pequeñas] como lo que come; [por tanto, la pregunta es] cómo ser amorosos cuando estamos extenuados por todos los requerimientos de nuestro tiempo y energía.[127] Cloud ve la solución del problema emocional como la imitación de Cristo, es decir, *ser* como Él hará que en el cristiano no exista enfermedad emocional alguna, sin embargo, Cloud ve esta solución como un problema en sí mismo.

Por su parte, Barna es más preciso cuando dice que la forma de pensar de Jesús sería intrigante desde un punto de vista teórico, pero incapaz de actuar sin la fe que lo llevaba a actuar según su visión. Esta comprensión escapa a muchos cristianos que saben qué es lo que está bien, pero que no logran hacer lo que saben. Jesús demuestra que una visión bíblica del mundo debe estar respaldada por la acción. Dicha acción exige una fe completa en hacer lo que honre a Dios (y no a los hombres), y es que esto será la única medida del éxi-

---

[127] Henry Cloud, *Cambios que sanan*, 15.

to. Jesús era realista y sabía que sus esfuerzos por cumplir la voluntad de Dios le causarían dificultades y sufrimientos. Pensar como Jesús es cuestión de obediencia.[128]

CONDUCTAS ESENCIALES PARA LA SANIDAD EMOCIONAL

1. SER HONESTO CONSIGO MISMO Y CON DIOS

Scazzero dice que es fácil crecer físicamente hasta llegar a ser adultos en términos cronológicos. Sin embargo, otra cosa es crecer como adultos en términos emocionales. Muchas personas pueden ser adultos jóvenes, de mediana edad o mayores desde el punto de vista cronológico, pero siguen siendo bebés, niños o adolescentes emocionales.[129]

Creo que el comentario de Scazzero tiene su principio en la carencia adecuada del discipulado: cuando los creyentes en Cristo carecen de un buen discipulado, estos —como bien dice Scazzero— tenderán a estar emocionalmente enfermos, y aunque tengan muchos años en el evangelio, seguirán siendo bebés espirituales. Estos normalmente no han dejado por completo las cosas del pasado (pues las siguen cargando), y se enfocan en sus sentimientos enfermos. Estos creyentes no fueron discipulados para ejercer el liderazgo, no sanaron las heridas del pasado y no fueron transformados a la manera de Jesús. Mientras tanto, Dios siempre busca personas que estén dispuestas a cambiar su corazón para sanarles y después hacer de ellos líderes conforme a su corazón; pues de volverse líderes sin haber sido sanados, estos dañarán a los que estén bajo su liderazgo; y debido a sus inseguridades, estos líderes poco equipados harán que los que están bajo su cargo se vayan del grupo que dirigen. Para tal caso, la

---

[128] George Barna, *Pensar como Jesús* (Brentwood, TN: Copyright Integrity Publisher, 2003), 28.

[129] Peter Scazzero y Geri, *Relaciones emocionalmente sanas* (Nashville, TN: Editorial Vida, 2020), 16.

Biblia dice que Dios «sana a los quebrantados de corazón; y venda sus heridas» (Salmos 147:3).

Cloud dice que cuando llevamos el pensamiento distorsionado al próximo nivel (al nivel de las metas importantes en la vida), el enfermo emocional empezará a notar los estragos de sus emociones enfermizas cuando no obtiene lo que desea en la vida; en tal caso sus pensamientos volverán a sentirse impotentes y desvalidos y les llevarán a culpar a los demás.[130]

Por lo tanto, quienes no creen tener la capacidad para tener éxito debido a su manera de ser, esta honestidad podría ser el primer paso para su sanidad. La persona que no reconoce su situación de enfermedad emocional seguirá estando en ese estado y jamás sanará; pero la que lo reconoce, y entiende que si continúa de esa manera no tendrá éxito, y si va a Dios para entregarle todas sus cargas a Él, será seguramente ayudada. Toda persona que se entrega al Señor, Él le hará ver lo útil que puede ser en sus manos. El Todopoderoso le hará ver que es una persona especial y que no necesita tratar mal a nadie para demostrar que tiene poder, ya que el poder es de Él. Este es un principio esencial que le hará pensar diferente y cambiará las directrices de su vida. La mente (que es el corazón) es traicionera, y por lo regular el individuo cree tener la razón en todo; sin embargo, deberá tratar de ser honesto consigo mismo si realmente desea ser sano emocionalmente.

2. ACEPTAR DELANTE DE LOS DEMÁS QUE EXISTE UN PROBLEMA

Muchas veces el individuo no acepta delante de los demás que tiene un problema porque tiene miedo de lo que dirán de él o ella. Sin embargo, cada uno debería pensar que casi toda persona tiene este tipo de problemas. La gran mayoría de las personas ha sufrido maltrato, ha atravesado momentos tristes y experiencias que jamás

---

[130] Henry Cloud y John Townsend, *No es culpa mía* (Miami, FL: Editorial Vida, 2008), 41.

imaginó atravesar. Muchos no se dan cuenta del terrible daño que hacen a su propia vida al no aceptar que existe un problema; sin embargo, sus reacciones y la forma en que son dominados por sus emociones lo denota claramente; por tanto, es una irresponsabilidad no reconocer su problema emocional. Dios quiere sanar a todos, pero mientras el individuo no reconozca que existe un problema, Dios no intervendrá. La Biblia habla de esta sanidad con bastante claridad. En Salmos 147:3, por ejemplo, dice de Dios, que «Él sana a los quebrantados de corazón, y venda sus heridas». Dios desea que cada persona cuyo corazón ha sido herido, acuda a Él para ser sanado, esta es la forma segura en que él o ella recibirá liberación. También dice en el Salmo 107:19-20 «Pero clamaron a Jehová en su angustia, Y los libró de sus aflicciones. Envió su palabra, y los sanó, Y los libró de su ruina». Y luego, al acudir a Dios, lo mejor será confesar delante de otros también sus pecados. Santiago 5:16 dice: «Confesaos vuestras ofensas unos a otros, y orad unos por otros, para que seáis sanados».

Cloud escribe acerca del *yo real*. Dice que el *yo real* es lo que verdaderamente el individuo es, y no lo que *desea* ser. El *yo real* no es perfecto —continúa diciendo Cloud— no importa cuánto el individuo desea que lo sea. La verdad de la situación es que el *yo real* ha fallado, y se ha perdido la imagen humana ideal (con la caída). Entonces le acosa la debilidad y el fracaso; se siente derrotado (aunque no es así como le gustaría estar). Pablo lo expresó así: «Porque sabemos que la ley es espiritual; mas yo soy carnal, vendido al pecado» (Romanos 7:14). También, dice Cloud, los que están quebrantados han sido lastimados de muchas maneras, y el *yo real* aloja todas las evidencias de esas lastimaduras. El dolor, el quebranto y el subdesarrollo emocional que los seres humanos poseen son parte de lo que realmente son. El quebranto y la inmadurez son parte de ese *yo real*.[131]

---

[131] Cloud, *cambios*, 218-219.

Evidentemente Pablo estaba hablando de una persona emocionalmente enferma, que llega al punto de reconocer su propia condición. Este, en su desesperación, dice que «está vendido al pecado», es decir, que aún tiene ataduras de pecado, y que estas ataduras le arrastran a hacer el mal. Pablo está hablando de una persona hipotética o de él mismo antes de venir al Señor, cuando vivía como un religioso que no había tenido un encuentro con el Señor ni había aprendido a vivir en el Espíritu (como luego lo expresa, en el capítulo siguiente, Romanos 8). No obstante, la aceptación de esta condición, y el haber llegado a esta crisis, es precisamente el camino para lograr su sanidad (la vida en el Espíritu).

Con todo, muchos que alguna vez hicieron una confesión de fe, y empezaron a caminar en Dios, no han tenido una rendición completa y no han querido abandonar su pasado totalmente. Estos no pueden aceptar que tienen una enfermedad emocional, no la aceptan ni hablan de ella, ni solicitan ayuda. Así, mientras estas personas no abandonen totalmente las cosas viejas, ni se dejen transformar definitivamente por Dios, Él no cambiará su presente ni podrá rediseñar su futuro. El ser humano sin recibir la ayuda de Dios está tristemente condenado a una vida de miseria emocional; por esto, Dios declara: «Yo soy el Señor, que les devuelve la salud» (Éxodo 15:26, NVI). Dios declaró que daría salud a su pueblo, les daría libertad y los sacaría de Egipto; e Israel sabía bien que Dios es poderoso, amoroso y tiene cuidado de ellos; lo mismo es para todos hoy.

3. COMPRENDER LA IMPORTANCIA DE RELACIONARSE CON LOS DEMÁS

Hay personas que incitan a otras al combate. Ellos hacen preguntas como: «¿qué te pasó? ¿qué te hizo? ¡Eso no se puede tolerar, es algo muy grave, véngate!» Sin embargo, esa actitud no es útil en lo absoluto. Debemos alejarnos de quienes se entretienen revolviendo basura, de aquellos que juzgan la vida de los demás, ya que, quien hace juicios y condena termina juzgado y condenado (Mateo 7:1-2).

Cloud dice que es necesario establecer un vínculo emotivo, y esto se da cuando las personas comparten sus pensamientos, sueños y sentimientos más profundos sin temor a ser rechazados o traicionados. Cloud también dice que la gente exitosa es la que se mueve de acuerdo a su diseño, mientras se desenvuelve adecuadamente con los demás. Los individuos funcionan al máximo cuando establecen vínculos dentro de su propio ecosistema.

Algunas personas no entienden este concepto y se resisten a la idea de depender de sus relaciones con otros; no quieren dar apariencia de debilidad, necesidad o de estar incompletos y esto está en conflicto con su punto de vista de lo que debe de ser un adulto.[132]

4. ENFOCARSE EN VIVIR CON INTEGRIDAD

Otra de las conductas esenciales que identifican a un líder cristiano emocionalmente sano es que este se enfoca en vivir una vida de integridad. La integridad es una característica esencial en todo líder cristiano.

Blanchard elogia a Cloud y dice que la característica número uno que la gente quiere ver en los líderes es la integridad, es decir, que ellos practiquen lo que dicen y vivan una vida inusual; luego hace mención de los puntos de Cloud respecto a los asuntos personales que hace a la gente exitosa.

Y la integridad es, sin lugar a dudas, lo que Dios busca de cada uno de sus líderes. Él desea que sus líderes sean personas que pongan en práctica los valores cristianos y de esta manera se relacionen adecuadamente con la gente que les rodea. Cuando un líder se dirige con integridad, la gente permanecerá cerca de él, porque se está creando un ambiente familiar. Y como dice Cloud, hay que invertir en la gente, conocer sus historias, sus caracteres, su forma de vivir, qué hacen, cómo se desempeñan y otras cosas más.[133]

---

[132] Cloud, *No es culpa mía*, 11.

[133] Cloud, *No es culpa mía*, 39.

5. Luchar contra los enemigos de la sanidad

Goleman menciona que las emociones varían de acuerdo al estado físico de cada persona ya que cada emoción provoca un conjunto de reacciones en el cuerpo. Por tanto, el líder emocionalmente sano está consciente de estos cambios y de esta lucha interna. La salud emocional de un líder cristiano no significa que está exento de luchar contra los enemigos de la sanidad, antes bien, su lucha contra estos males es constante. A continuación, menciono algunos de estos enemigos:

a). La ira

Esta emoción está asociada con la furia, la hostilidad, la indignación y, en casos complejos, con el odio patológico. La ira hace que el cuerpo reaccione enviando sangre a las manos. De esta forma favorece el empleo de armas o que el sujeto mismo se encuentre preparado para golpear de manera contundente.

b). La tristeza

Esta emoción provoca una ilusión por las actividades cotidianas, pero con una disminución de la energía, de modo que paraliza el metabolismo, provocando a la vez que el sujeto limite sus capacidades y se aísle. En momentos el sujeto puede caer en depresión.

c). La culpa

El sentimiento de culpa es común a todas las personas y la mayoría de ellas lo han experimentado en algún momento de sus vidas. Si la culpa se prolonga por mucho tiempo, también genera efectos nocivos en el cuerpo.

Según Goleman, todos tienen dos mentes: una que piensa y otra que siente, y ellas interactúan para construir la vida mental. La mente racional genera conocimiento basado en el análisis reflexivo y racional. La mente emocional, en cambio, promueve conocimiento impulsivo, en ocasiones más poderoso. Esta distinción entre lo emocional y lo racional es lo que habitualmente diferencia al «corazón» de la «la cabeza».[134]

En cambio, Cloud dice que es necesario que el individuo acepte el bien y el mal, le guste o no, pues este vive en un mundo imperfecto. Como todos saben, el mundo no es puramente bueno ni puramente malo, en cambio el mundo es una combinación confusa del bien y del mal. Las personas que no pueden soportar esta realidad desarrollan problemas como idealismo, ansiedad, pánico, narcisismo, culpa, ira, relaciones rotas, pensamientos distorsionados, etc.[135]

Stamatea menciona que, para mucha gente, la alegría no es una parte fundamental de su vida. Lo que ellos ignoran es que esta emoción es el clima que produce cambios positivos. Cada vez que se establece una atmósfera alegre en la vida, se abren las puertas a las oportunidades, las conexiones de oro, la salud y el bienestar. Y por supuesto, dice, la alegría echa por tierra los miedos. Se podría decir que esto sería el contraveneno o la cura para sanar las emociones, las adversidades y reparar el daño causado por las personas.

Por otro lado, a veces lo que parece negativo, luego, con el tiempo, resulta que trae algún beneficio. Es entonces que la persona entiende por qué sucedió lo que sucedió, y es capaz de dar gracias a Dios por esa experiencia. Aun de los momentos más difíciles, siempre habrá algo más grande y mejor que puede resultar positivo de ello.[136]

6. Aprovechar el tiempo ahora

En algún momento de la vida muchos han desperdiciado el tiempo, y lo han desperdiciado de la peor manera. Muchos se han dedi-

---

[134] Daniel Goleman, *Inteligencia emocional*,18-19.

[135] Cloud, *cambios que sanan*, 239, 241, 243.

[136] Bernardo Stamateas, *Nudos mentales* (Madrid: B de Bolsillo, 2018), 261, 268.

cado a competir con los demás, pensando que la mayor gloria en la vida es tener la más grande posición y riqueza posible, demostrando que ellos son mejores y que tienen dominio en la tierra, y en esto gastan sus recursos y energías. Cierto es que el tiempo ya no puede recuperarse, el tiempo perdido se ha perdido para siempre, y todo lo que una persona pudo haber hecho, y lo que pudo haber aprendido, quizá jamás lo logre aprender ni realizar. Es fácil malgastar el tiempo en tonterías, en errores innecesarios, errores cometidos por ignorancia y por rebeldía; no obstante, a cada uno Dios le da oportunidad para que, en algún momento, ame de verdad a su prójimo, y aproveche las oportunidades para hacer el bien. Tristemente, muchos desperdician esas oportunidades. Con todo, hoy es tiempo para meditar respecto a ese tiempo perdido, y pedir al Señor que le ayude a recuperarlo. Esta es una de las cosas más poderosas del evangelio: cuando una persona se conecta con Dios, Él le ayuda a levantarse y a recuperar el tiempo que ha malgastado. Hay consecuencias de los descuidos y las negligencias, eso es verdad, pero, quien tiene un encuentro con Dios, Él le ayudará a aprovechar al máximo el tiempo que le quede de vida. Por tanto, al ser humano le conviene avanzar y conquistar el reino de Dios, esta es la mayor oportunidad que una persona puede tener en este mundo, y entre más pronto la aproveche, más bendecido será.

Barna dice que hay que comprometerse [con Jesús]; sin embargo, menciona a Moisés y a los israelitas para argumentar que para llegar a ser como Jesús no es tan fácil como parece; no es de un día a otro, ni es con un tronar de dedos. Dice que el cambio no tiene fin, es un proceso en donde se descubren o revelan las cosas que se deben aplicar para con uno mismo y para con los demás. Es un proceso que debe vivirse juntos, con los que rodean al individuo, y con los que están cerca, que son parte de su recorrido en la vida, esto incluye a todos sus líderes.[137]

---

[137] Barna, 30.

Dios aceleró todas las cosas. Aquello que se había detenido, en cuestión de días fue alineado. Lo mismo puede suceder con cualquiera hoy: si una persona ha andado fuera del camino, perdiendo el tiempo y malgastando la vida en frustraciones (debido a sus malas actitudes y pecados), el Señor, mediante su gracia y misericordia, cuando esa persona viene a sus pies y enruta su vida en los caminos del Todopoderoso, lo que fue para él o ella una terrible pérdida de tiempo, si el tal se consagra a Dios de veras, Él hará que tales experiencias sean lecciones de vida que lo ayudarán, lo exaltarán y lo convertirán en un líder para la gloria de Su Nombre. Dios, mediante su sanidad emocional, hace que una persona viva en plenitud, y al permitir la dirección del Espíritu Santo en ella, experimentará milagros en su vida. Dios hará que pueda recuperar el tiempo perdido.

Dios no hará esperar a alguno veinte años, ni mucho menos cuarenta (como hizo con Moisés) para arreglar los años perdidos. Dios puede arreglarlo todo en cuestión de semanas, en cuestión de un año, en dos años. Dios puede hacer esa obra en la vida de cualquier persona que le dé oportunidad de operar.

Desde un punto de vista humano el proceso de transformación puede durar toda la vida, y aun morir antes de poder sanar emocionalmente. No obstante, no se trata de llegar a ser como Jesús mediante las fuerzas humanas, sino más bien, es indispensable dejar que el Espíritu Santo sea quien se encargue de ello. Con todo, cada persona debe poner su parte e invertir adecuadamente su tiempo, pues la Biblia dice: «Andad sabiamente para con los de afuera, aprovechando bien el tiempo» (Colosenses 4:5); y también: «Enséñanos a contar de tal modo nuestros días, que traigamos al corazón sabiduría» (Salmos 90:12).

RESUMEN

La sanidad emocional es un proceso que para los que no conocen a Dios puede ser interminable e imposible de lograr. Sin embargo, el cristiano sabe que Dios es poderoso para sanar totalmente la mente humana, así como es poderoso para guardarle de toda especie de mal. El cristiano ha nacido de nuevo para tener una vida de plenitud emocional; sin embargo, debe tomar las medidas adecuadas para lograr esa plenitud y apegarse a ella diariamente.

En este capítulo hemos visto, en primer lugar, la fórmula que propone Carolina Leaf para la sanidad emocional. Ella habla de cinco pasos que deben seguirse: (1) *Recolectar*: tomar conciencia de los pensamientos y emociones tóxicas; (2) *Reflexionar*: preguntarnos sobre lo que estamos sintiendo; (3) *Escribir*: poner por escrito lo que hemos reflexionado; (4) *Reexaminar*: buscar nuestras perspectivas y maneras saludadles de pensar; y, (5) *Pensar y actuar*: poner en práctica los pensamientos positivos que reemplacen los negativos. Dice que esto se debe practicar por 21 días para lograr el cambio, y por 63 para que se convierta en hábito.

Hablé también de varios versículos bíblicos que tienen que ver directamente con las actitudes vinculantes a la sanidad emocional: Efesios 4:30-32, 1 Juan 4:7; Romanos 8:29.

En la última parte estuve hablando de las conductas esenciales que integran la sanidad emocional: ser honestos con nosotros mismos y con Dios; aceptar delante de los demás que tenemos un problema [emocional]; comprender la importancia de relacionare con los demás; enfocarse en vivir con integridad; luchar constantemente contra los enemigos de la sanidad (aquí estuve mencionando cuales son estos enemigos: la ira, la tristeza y la culpa); y aprovechar el tiempo ahora.

En el siguiente capítulo estaré hablando de la sanidad de las heridas del pasado presentes en los líderes cristianos y como esta sanidad es tan positiva para su liderazgo.

CAPÍTULO XIV

La Gran Importancia de Tener Líderes Sanos

El ser humano fue diseñado por Dios para vivir en sociedad. El hombre y la mujer deben de convivir y tener trato con otros, y relacionarse, eso es parte esencial de su diseño original. Desde tiempos muy remotos, Aristóteles (384 a.C.-322 a. C.) dijo que el hombre es un animal social. No obstante, aunque habitar en familia, y en una sociedad trae grandes goces, también es cierto que esta misma convivencia implica grandes riesgos, grandes decepciones y profundas heridas. Existen personas —incluso dentro de las sociedades de mejor moral—, que han sido heridas y dañadas por otros; las cuales, a su vez, si su corazón no ha sido sanado, tenderán a dañar y herir a quienes encuentren vulnerables. Se cumple la ley que dice: «el que ha sido herido, hiere».

Por otro lado, las personas emocionalmente sanas son vulnerables y aman; se entregan ciento por ciento y sin reservas. Son fieles y confiadas. Pero entonces llegan las enfermas y, aprovechando la vulnerabilidad de las emocionalmente sanas, las hieren y las traicionan buscando que estas también sean contagiadas de lo que ellos tienen. Satanás es quien orquesta esta sucesión de tragedias.

Los resentimientos generan amargura, odio y una cadena de maldad. Las personas emocionalmente enfermas tratan de «protegerse», es decir, se rehúsan a ser transparentes, a estar expuestos, y a ser vulnerables. Ellas no se dan cuenta que sus acciones de «protección» hieren a aquellos que más las aman; y aunque estas acciones parecen ser «justificables» (pues se excusan hablando de sus heridas del pasado), en realidad no lo son, definitivamente ninguna persona tiene permiso para herir a otra (independientemente de lo que haya padecido). Luego, las personas emocionalmente sanas, al ser heridas, tienen que tomar una decisión: continuar la cadena de la enfermedad del alma al guardar resentimientos y hacer lo mismo, o perdonar las ofensas, vencer con el bien el mal y llenarse de Dios, para que Él sea quien sane sus heridas.

Si la decisión de quien ha sido herido es mantener su salud emocional, este continuará siendo vulnerable, seguirá entregándose ciento por cierto y amando de todo corazón. Continuará siendo como un niño: sencillo, leal y confiado. La Biblia dice: «Para que seáis irreprensibles y sencillos, hijos de Dios sin mancha en medio de una generación maligna y perversa, en medio de la cual resplandecéis como luminares en el mundo» (Filipenses 2:15).

Por lo tanto, el cristiano es el último eslabón de la cadena. Soporta y sufre las heridas, y con él o ella termina la maldad en el mundo. En esto consiste lo extraordinario del cristiano.

Es ahí en donde los líderes son tan importantes, porque como pueden ser orquestadores de la sanidad emocional, pueden también estar siendo los que propician la continuidad de las enfermedades emocionales, las cuales están envueltas en pecado y destruyen el reino de Dios.

SANIDAD EMOCIONAL DEL LÍDER

Los líderes deben entender el llamado de Dios. Ya que Dios ha llamado a algunas personas a ser líderes, y a otras no. Lo importante es oír y obedecer al llamado de Dios (si este llamado existe), y no ser como Jonás, quien huyó del llamado. Y con el llamado, se debe entender el liderazgo que está implícito. En conjunto, los escritores sobre liderazgo han convertido el liderazgo en un mito, es decir, se atribuyen características a los líderes que ellos no tienen, y quizás nunca tengan. El liderazgo es algo de lo que realmente no se tiene una noción concreta de su verdadero significado y esencia; al grado que, sorprendentemente, pocas personas realmente lo entienden. En verdad se requiere de discernimiento y madurez para comprender verdaderamente el punto de vista de Dios acerca del liderazgo.

En la Biblia se pueden encontrar reacciones emocionales en muchos de los líderes que ahí son mencionados. Jesús mismo es uno ellos: «Jesús lloró» (Juan 11:35); David experimentó persecución; Jeremías, rechazo; Job, depresión, también Elías y Judas.

Goleman, menciona que la historia de la humanidad ha provisto una cantidad ingente de personas cuya principal arma ha sido la capacidad de manipular (y no de liderar). Desde empresarios, políticos, propagadores de opinión o líderes religiosos. Este tipo de individuos, caracterizados por una mística incuestionable, han contribuido a distorsionar la tranquilidad de las masas desde que el mundo es mundo. Si algo nos ha demostrado la experiencia es que estos individuos, desde sus fortalezas, han sabido manipular a las masas para lograr sus fines particulares. Si la manipulación mental suprime el pensamiento crítico de alguien para imponer el suyo, adquiere especial importancia la participación de personalidades históricas como la del líder del movimiento nacionalista, Adolfo Hitler, así como los fundadores de importantes cultos religiosos como la cienciología[138]

Goleman menciona algunos líderes que han caído en la manipulación. Entre estos líderes menciona a Jim Jones (ya mencionado arriba), un líder espiritual que creía estar preocupado por la justicia

---

[138] Nota: la cienciología se describe a sí misma como una religión y fue fundada en la década de 1950 por L. Ron Hubbard. La cienciología es la creencia de que cada ser humano tiene una mente reactiva que responde a los traumas de la vida, nublando la mente analítica e impidiéndole experimentar la realidad. (CNN, 7/4/2012).

social. Este fue uno de los hombres más manipuladores jamás conocido en la historia; era muy vanidoso, tenía ayudantes que arreglaban sus cabellos y guardaespaldas que lo acompañaban a todos lados con maletines repletos de instrumentos estéticos; fue hijo único de una familia muy pobre en un pequeño pueblo de Indiana; fue simpatizante del Ku Klux Klan. Estos datos permiten conocer un poco del ambiente familiar que formó a Jim. Desde pequeño sintió afinidad por la iglesia.

Charlie Mason sabía cómo manipular la mente de las personas y tomar control de sus acciones. Criado en un ambiente hostil, plagado de violencia y abusos, Mason es un claro ejemplo de cómo alguien asimila las duras condiciones de sus primeros años en el desarrollo de una personalidad psicópata y criminal. Era encantador, tiránico, mentiroso compulsivo y violento.[139]

LA IMPORTANCIA DEL LIDERAZGO CRISTIANO EN EL PROCESO EMOCIONAL

Dios desea manifestar su poder restaurador de personas, y busca corazones arrepentidos y rendidos para poder hacerlo. No obstante, Él no trabaja solo; Dios trabaja mediante sus líderes. El liderazgo cristiano mantiene a la Iglesia del Señor en el cumplimiento de la misión que Él le dio. Asimismo, el liderazgo tiene la función de ejercer disciplina, a fin de que cada uno camine bajo las premisas de rectitud y santidad para la gloria de Dios. Sin embargo, algunos líderes cristianos han malentendido su función, y se dedican a ganar seguidores, para después manipularlos y beneficiarse personalmente.

El líder cristiano es carismático, pero también responsable, humilde y agradecido. No obstante, encontrar a un líder que realmente tenga el carácter cristiano no una tarea fácil, ya que, dentro de la comunidad cristiana, se encuentran personas con distintos grados de

---

[139] Goleman, *Manipulación*, 46, 49,52, 53.

entrega y conocimiento de la palabra de Dios. El líder que agrada a Dios es uno que es celoso de la Palabra, y en ocasiones, por causa de ella, tendrá que actuar con rigurosidad; sin embargo, siempre será motivado por un amor de Dios genuino. De esta manera, el líder cristiano no trabaja y sirve buscando constantemente la aprobación de la congregación, sino más bien, él o ella busca la aprobación de Dios.

El tema del liderazgo es uno de los temas más populares en los últimos años, debido a la importancia que tiene para el buen funcionamiento de las organizaciones. Así, se habla de estilos de liderazgo y de técnicas concretas que podrían ayudar a los líderes de una organización a crecer y prosperar.

Entre estos diversos estilos de liderazgo existen el autoritario y el participativo, pero hoy quiero centrarme en uno de los que últimamente más están creciendo, y están siendo más demandado por las grandes empresas multinacionales, el liderazgo emocional.

EL LIDERAZGO EMOCIONAL ENTIENDE LAS EMOCIONES DE OTROS

El liderazgo emocional es imprescindible para liderar porque los seres humanos actúan básicamente por emociones. A la hora de convencer y motivar, las emociones tienen un papel realmente fundamental. Este tipo de liderazgo —hablando, por ejemplo, del ambiente laboral— consiste en empatizar con el equipo de trabajo, gestionar las frustraciones, los agobios, los buenos momentos y las preguntas; este líder debe saber comunicar bien, desarrollar espacios de comunicación favorables, y como mínimo, debe de hablar una vez por semana con cada empleado para saber en qué se le puede ayudar.

El liderazgo emocional está básicamente enfocado en mostrar inteligencia emocional en el lugar de trabajo. Esto, obviamente, resulta en la aplicación de las premisas de Goleman sobre la inteligencia emocional. En 1996 Daniel Goleman acuñó el término de inteligencia emocional y de coeficiente emocional. Y él dice, en el libro que publicó en ese año respecto a ese tema, que una persona, para tener verdadera inteligencia emocional debe ser capaz de motivarse a sí mismo; persistir al enfrentar frustraciones; ser capaz de controlar sus impulsos y diferir la gratificación, asimismo debe regular sus estados de ánimo e impedir que la angustia inhiba su habilidad para pensar; asimismo, debe ser una persona que empatice con otros y mantenga la esperanza.[140]

La habilidad que una persona tiene para entender los sentimientos de otros y sus experiencias emocionales es normalmente un proceso no verbal clave para su conexión con los demás. De esta manera, la inteligencia emocional guía a las personas a alcanzar objetivos, a vivir feliz y tener éxito profesionalmente. De ahí que el liderazgo emocional tiene que ver con la capacidad de entender las emociones de otros y utiliza ese conocimiento para liderar; es decir, en las organizaciones tiene que ver con los resultados positivos en las líneas de producción, mejores modelos de comportamiento, y el establecimiento de un tono positivo, inspirador y motivador en la organización entera.[141]

RESUMEN

En este capítulo estuvimos hablando de la enorme importancia de tener líderes emocionalmente sanos. Hablé primero de que el hombre ha sido diseñado por Dios para vivir en sociedad y que tiene la necesidad de relacionarse con los demás. Pero que en esas relaciones puede ser herido emocionalmente. Es entonces que el que ha sido

---

[140] Daniel Goleman, *Emotional Intelligence: Why It Can Matter More than IQ* (London: Bloomsbury, 1996), 71.

[141] N. Turner y J. Barling, "Moral Reasoning and Transformational Leadership: an Exploratory Study". Manuscrito sometido para su publicación, (Ontario, Canadá: Queen's University, Kingston, Escuela de Negocios, 2000), 15.

herido deja de ser trasparente y se rehúsa a ser vulnerable (como las personas sanas), y puede elegir dañar a otros, así como él o ella fue dañado. Los líderes son llamados por Dios para ser ejemplos de salud emocional, y aunque en la Biblia tenemos ejemplos de líderes que fueron heridos, estos tuvieron de Dios la fortaleza para mantener su salud emocional (p. ej. José y David). No obstante, tenemos el caso de otros líderes que utilizaron sus dones de liderazgo y su carisma para ser manipuladores e instrumentos del mal.

Dije en este capítulo que, por tal razón, los líderes son los primeros que deben ser restaurados y mantener un corazón sano para crear comunidades de creyentes sanos emocionalmente, y no lo contrario.

Y con tal pensamiento en mente, en el último apartado de este capítulo estuve hablando del liderazgo emocional. Dije ahí que el liderazgo emocional es imprescindible para liderar porque los seres humanos actúan básicamente por emociones, y a la hora de convencer y motivar, las emociones tienen un papel realmente fundamental. Debido a esto, hablé del término acuñado por Daniel Goleman, *inteligencia emocional*. Mencioné que para tener verdadera inteligencia emocional el líder debe ser capaz de motivarse a sí mismo; persistir al enfrentar frustraciones; ser capaz de controlar sus impulsos y diferir la gratificación; asimismo debe regular sus estados de ánimo e impedir que la angustia inhiba su habilidad para pensar; asimismo, debe ser una persona que empatice con otros y mantenga la esperanza. Creo firmemente que los líderes cristianos deben tener gran inteligencia emocional.

En el capítulo siguiente, el último de este libro, estaré hablando sobre las soluciones definitivas a las enfermedades emocionales de los líderes.

CAPÍTULO XV

Soluciones y Propuestas para la Sanidad Emocional de los Líderes Cristianos

Después de hacer un análisis de la gran información que se ha visto en este libro respecto al tema de la sanidad emocional, es necesario establecer las soluciones que darán una solución definitiva a este problema en el líder cristiano. La psicología es útil para definir el problema y para entender los mecanismos de reacción de los seres humanos ante ciertas condiciones experienciales; también brinda algunas directrices que pudieran aliviar las repercusiones de los traumas y de las condiciones patológicas mentales. No obstante, la solución definitiva a cualquier problema del ser humano —mayormente tratándose de las enfermedades del alma—, siempre estará en Dios. Lo que Dios dice siempre estará encima de todo lo que la sabiduría humana diga. A continuación, hablaré sobre la propuesta de solución al problema emocional en los líderes cristianos.

LA SANIDAD EMOCIONAL MEDIANTE LA ORACIÓN

Berteau cita a Huxley, escritor humanista, quien dice lo siguiente: «La tercera petición del Padre Nuestro es repetida por millones que no tienen la más mínima intención de dejar que se haga la voluntad de nadie más que la suya». También menciona que, de los relatos de los evangelios acerca de la vida de Jesús, una de las observaciones más sorprendentes es que Él pasaba mucho tiempo en oración. Él era Dios, ¿no es así? ¿Por qué oraba tanto? No creo que se debiera a que *necesitara* orar, creo que Él *deseaba* orar. Él deseaba pasar tiempo con el Padre, disfrutando de Su amor, y quien a su vez le comunicaba Su voluntad para el futuro. Si el Hijo de Dios estaba tan comprometido con la oración, ¿qué dice esto de la necesidad del cristiano de conectarse con Dios para hablarle de todas las cosas que suceden en su vida?[142]

La oración es importante para la salud mental. Existen numerosos estudios, artículos de revistas y documentos que han atribuido poder a la oración para que el ser humano viva con significado y propósito, haciendo que alguien sane más rápido de una enfermedad, cirugía u otras aflicciones, por ejemplo. El poder de la oración tiene un fuerte impacto psicológico en la capacidad de una persona para ser más resistente y lidiar con situaciones difíciles. La oración puede proporcionar una abrumadora sensación de paz, confortabilidad y alegría, especialmente cuando todo lo demás pudiese parecer estar desmoronando y fuera de su control. Si el líder es capaz de operar siempre con oración, encontrará esperanza, significado y propósito. Dios le hará entender las promesas que Él tiene para su vida, su visión tendrá una perspectiva objetiva, y la química de su cerebro también se verá impactada positivamente. Es importante que, si los pastores creen, enseñan y predican estos conceptos, también los vivan, los experimenten y den ejemplo de ellos a sus miembros. Un pastor más saludable equivaldrá a una iglesia más saludable.[143]

---

[142] Berteau, 60.

[143] J. Belding, M. G. Howard, M. A. McGuire, A. C. Schwartz, y J. H. Wilson, "Social buffering by God: Prayer and measures of stress". *Journal of Religion and Health* 49 (2) (2010), 179–187. https://doi.org/10.1007/s10943-009-9256-8. [Accesado 11/4/2025].

Larrañaga menciona que el cristiano debe escuchar al Maestro cuando ore, y Mateo 6:6 enseña cómo llegar al Padre para que la oración sea contestada. Porque hay personas que les gusta orar en las sinagogas y en las plazas solo para que las vean y sean alabadas por otros. En realidad, dice Larrañaga, estos no buscan al Padre; se buscan a sí mismos. Su vanidad satisfecha será su única recompensa. Y menciona también que el consejo de Jesús es determinante al aconsejar cómo orar, y hacerlo en secreto. «Te basta saber que el Padre está ahí contigo. El mismo será tu saciedad y recompensa», dice Larrañaga.[144]

Pero si el líder quiere ser visto, tener una iglesia más llena, una en donde solo él con su familia gobierne, lo único que conseguirá es que sus oraciones se aboquen en esa vertiente y terminará siendo prepotente y mal humorado; luego se acarreará conflictos familiares y no tendrá la serenidad que Dios desea darle. Este es un atropello de la voluntad de Dios para su vida y para la vida de aquellos que están bajo su liderazgo

PEDIR PERDÓN Y PERDONAR

El perdón de Dios está disponible para todos; sin embargo, Él espera que los pecadores se arrepientan, confiesen sus pecados y acepten Su regalo. Este regalo es la vida eterna que está en Jesucristo, quien dio la vida por la humanidad y ha perdonado las iniquidades de todos. Dios promete que, cualquiera que venga a Él, Él lo perdonará y tendrá misericordia de su alma. Isaías 1:18 dice: «Venid luego, dice Jehová, y estemos a cuenta. Si vuestros pecados fueren como la grana, como la nieve serán emblanquecidos; si fueren rojos como el carmesí, vendrán a ser como blanca lana». Asimismo, 1 Juan 1:7-9 dice: «Si andamos en luz, como él está en luz, tenemos comunión unos con otros, y la sangre de Jesucristo su Hijo nos limpia de todo pecado».

---

[144] Larrañaga, 25.

Ahora bien, así como Dios nos ha perdonado a nosotros, Dios espera que nosotros perdonemos a nuestros ofensores. Solo una persona que ha venido a Jesucristo y ha recibido su perdón será capaz de perdonar verdaderamente a quienes le han ofendido.

La Biblia dice: «Por lo tanto, como escogidos de Dios, santos y amados, revístanse de entrañable misericordia y paciencia. Sean mutuamente tolerantes. Si alguno tiene una queja contra otro, perdónense de la misma manera que Cristo los perdonó» (Colosenses 3:12-13, RVC); y también: «Mas bien sed benignos los unos con los otros, misericordiosos, perdonándoos los unos a los otros, como también Dios os perdonó a vosotros en Cristo» (Efesios 4:32).

El Espíritu Santo, hablando por medio de Pablo, dice que para que exista salud emocional, el cristiano debe aprender a perdonar y pedir perdón. Ambos conceptos tienen su fundamento en la humildad, en la obra del Espíritu Santo. Si una persona ha sido tocada por Dios y muestra humildad para pedirle perdón, Dios le perdonará y enviará a su vida el Espíritu Santo. Él no fallará en hacerlo porque lo ha prometido. Él dijo: «Todo lo que el Padre me da, vendrá a mí; y al que a mí viene, no le echo fuera» (Juan 6:37). Y cuando el ser humano ha sido perdonado, llega a él o ella el gozo de Dios, pues también dice: «Dichoso aquel a quien se le perdonan sus transgresiones, cuyos pecados son cubiertos» (Salmos 32:1, NVI). El perdón de pecados trae gozo y felicidad al alma, y Dios también derrama de su amor: «... porque el amor de Dios ha sido derramado en nuestros corazones por el Espíritu Santo que nos fue dado» (Romanos 5:5). Cuando estas cosas maravillosas han ocurrido, el hombre salvo y la mujer salva es capaz de perdonar y de pedir perdón. Tiene entonces la capacidad —dada por el Espíritu Santo— para tolerar a sus hermanos y continuar perdonando sus faltas. Ciertamente el ser humano no dejará de equivocarse y de ofender a los demás; sin embargo, el que vive en Cristo, y permanece lleno del Espíritu Santo, tendrá siempre la capacidad para perdonar, así como Cristo mismo perdonó en la cruz a todos sus ofensores.

Dios trae también al alma salva y sanada por su poder un espíritu misericordioso, y benignidad, es decir, la capacidad de ser bueno. El que tiene misericordia de los demás perdona y tolera sus faltas; tiene la fuerza emocional para mantenerse perdonando a todos los que le ofenden.

La vida enseña muchas cosas al ser humano, pero no le enseña a perdonar, porque siempre el orgullo le impide hacerlo, y el orgullo le aleja de Dios, quien es el único que puede ayudarlo. Jesús ordena a sus discípulos a perdonar de todo corazón a sus ofensores, y este será siempre un requisito indispensable para sanar sus heridas. Muchas veces sucede que los obstáculos más difíciles con los que el ser humano se tiene que enfrentar son consecuencias de sus propias decisiones y acciones; no obstante, aunque el ser humano es responsable, es incapaz de admitir que se ha equivocado. Esta condición hace que este no pueda avanzar en la vida, y si se convirtiera en un líder cristiano, su situación no resuelta le convertirá en un líder mediocre. Por otro lado, quien ha sido sano, manifiesta sinceridad, y hace todo lo que está de su parte por no dañar a su prójimo.

En cuanto a esto, dice Stamateas que la alegría es el mejor antídoto contra la adversidad y una puerta abierta a las oportunidades, «porque cuando sanamos se producen cambios positivos en nuestras emociones y cada vez que establecemos una atmósfera diferente en nuestras vidas, abrimos las puertas a las oportunidades, las conexiones de oro, la salud y el bienestar».[145]

El perdón también trae agradecimiento con Dios y con los demás. Ya es tiempo de que los líderes cristianos se pongan a cuenta

---

[145] Stamateas, *No me maltrates*, 203.

con Dios, dejen los rencores, sanen su corazón y dejen las cosas del pasado, las cuales dañan su caminar con Jesús. Cuando una persona comienza a conocer a Dios, como dicen las Escrituras, entiende que no tiene sentido seguir cultivando el pecado. Cuando de verdad ha tenido un cambio de corazón —al recibir a Jesús en su corazón, y ser hecha una nueva creatura mediante el nuevo nacimiento— cuando de verdad ha nacido de nuevo, no le será difícil perdonar a aquellos que han dañado sus emociones. Y al perdonar, al olvidar el pasado, ha triunfado en su lucha contra el orgullo; y de esta manera dejará también de dañar a los demás y comenzará a crecer y será libre. Este es el camino para ser un líder conforme al corazón de Dios. Albert Eistein dijo: «La alegría de ver y entender es el más perfecto don de la naturaleza».

APRENDER A AMAR AL PRÓJIMO

Se puede decir con toda seguridad que un líder cristiano podrá ser conforme al corazón de Dios si cumple de todo corazón con el mandamiento de Jesús, el cual dice así: «Amarás al Señor tu Dios con todo tu corazón, y con toda tu alma y con toda tu mente. Este es el primero y grande mandamiento. Y el segundo es semejante a este: Amarás a tu prójimo como a ti mismo» (Mateo 22: 37-39). También Jesús dijo: «Oísteis que fue dicho: Amarás a tu prójimo y aborrecerás a tu enemigo. Pero yo os digo: Amad a vuestros enemigos, bendecid a los que os maldicen, haced bien a los que os aborrecen, y orad por lo que os ultrajan y os persiguen» (Mateo 5:43-44).

¿Qué significa *amar al prójimo?*, quiere decir amar a la gente incondicionalmente, y como dice la Escritura, siendo generosos, pues solo así es posible amar verdaderamente a los semejantes. Esta es la manera de Dios para ser sanados emocionalmente. Al hacer esto, todo ser humano es libre de sus ataduras, las cuales serán disueltas. Entonces él o ella será transformado por Cristo Jesús en verdad.

EL LÍDER EMOCIONALMENTE ENFERMO NO PUEDE AL PRÓJIMO

El siglo XXI transcurre rápidamente. Hoy vivimos en un tiempo de mucha confusión doctrinal, y en una época en que se predica de tantas cosas —excepto de lo que se debería—. En muchos no ha existido un verdadero cambio en su ser. No ha existido en ellos un verdadero nuevo nacimiento, una conversión genuina. En estos no se ha operado un cambio de actitud porque aún no han conocido a Jesús, pues si lo hubiesen conocido, ya hubieran abandonado el pecado por completo, como lo dice el apóstol Juan: «Todo aquel que permanece en él, no peca; todo aquel que peca, no le ha visto, ni le ha conocido» (1 Juan 3:6).

Hablo de predicadores que alientan la vida pecaminosa de estos pseudo cristianos; pues como dice 2 Corintios 2:17, esto son predicadores que *medran* falsificando la palabra de Dios. La palabra *medrar* se define de la siguiente manera: «Dicho de una persona: Mejorar de fortuna aumentando sus bienes, reputación, etc. especialmente cuando lo hace con artimañas o aprovechándose de las circunstancias»;[146] esto quiere decir, que estos líderes «mejoran» la palabra de Dios, es decir, la tuercen para que suene más educada, más endulzada, menos ofensiva. La King James Version traduce la palabra griega «*kapēleuō*» (la palabra traducida por RV como *medrar*) como «*corrupt*» [corromper]. La palabra de Dios es corrompida para que suene bien, para que no sea ofensiva, para que los oyentes queden satisfechos y «justificados». Como dice Bonhoeffer, ellos justifican el pecado, pero no el pecador.[147]

---

[146] Real Academia Española, *Diccionario de la lengua española*, 23.ª ed., [versión 23.6 en línea]. https://dle.rae.es/medrar?m=form [Accedido 8/22/2023].

[147] Dietrich Bonhoeffer, *El curso de discipulado de Dietrich Bonhoeffer* (Frederick, OK: Editorial Palabra Pura, 2020), 30.

De esta manera estas personas no regeneradas, al convertirse en líderes cristianos, regularmente presentan trastornos y patologías en su personalidad. Como lo menciona Stamateas, que estos trastornos se manifiestan y hacen de las personas narcisistas, psicópatas, neuróticos y tóxicos; asimismo, ellos presentan complejos de superioridad, y de grandeza, y creen que todo el universo gira alrededor de su persona: necesitan gente que los adore. Son maestros de la manipulación, y buscan a personas [no para hacerles bien] sino para hacerles sus trofeos, o que los representen, para que les sirvan. También procuran tener gente sujeta a ellos para manipularlos; y desafortunadamente, en este tiempo, todo esto sucede en cualquier tipo de liderazgo.[148] Tristemente, un líder emocionalmente enfermo no tiene la capacidad de amar al prójimo, pero si se aprovecha del dolor ajeno.

ENTREGARSE TOTALMENTE A DIOS

A través de lo que he escudriñado en cada capítulo de este libro, entiendo que la mejor manera para que un líder pueda cambiar es que se entregue completamente a Dios, y sea así como Él, amando al prójimo como a él o ella mismo(a). Y creo que para que ese cambio se opere es necesario que el individuo se acepte tal y como es él, sin aplastar a nadie. También se debería de incluir, en los programas de enseñanza de las iglesias, programas psicológicos, de manera que se pueda ayudar adecuadamente a las personas que vienen quebrados, maltratados y cargando cosas del pasado. Asimismo, es necesario ampliar los estudios bíblicos en las congregaciones, y así aprender a detalle —mediante la lectura y el análisis [cómo se hacían hace 40 años]— todos y cada uno de los pensamientos de Jesús. Lastimosamente, en muchas iglesias los programas de enseñanza son muy escuetos, y aun a los niños se les enseñan más sobre héroes de fantasía y dibujos animados (p. ej. del chavo del ocho, y del hombre araña),

---

[148] Stamateas, *No me maltrates*, 16.

que de Jesús mismo. Así que, si se hacen estas cosas, y se pone suficiente énfasis e interés, sucederá lo que dice en Ezequiel 11:19-20 «Y les daré un corazón, y un espíritu nuevo pondré dentro de ellos; y quitaré el corazón de piedra de en medio de su carne, y les daré un corazón de carne, para que anden en mis ordenanzas y guarden mis decretos y los cumplan, y me sean por pueblo, y yo sea a ellos por Dios».

Pienso que el estudio de la sanidad emocional en los líderes es algo sumamente importante en estos días, y mi deseo y oración es que Dios despierte en muchos otros estudiar sobre este tema, así como lo despertó en mí. Dentro de las comunidades hay mucha gente deprimida, ansiosa, triste, herida, llena de miedos etc. Pero lo más grave es que existe un número indeterminado de líderes cristianos que no han sido sanados de las cosas viejas que les estorban para servir adecuadamente al Señor, y ocupando su mente en alimentar sus raíces de amargura (respecto a cosas viejas que no pueden sanar), causan mucha contaminación y destrucción a otros.

En este respecto, creo que este proyecto podría ser una guía que motive a muchos a ocuparse de ellos mismos, a fin de que ellos, en primer lugar, sean sanos emocionalmente en verdad, y de esta manera puedan ser creíbles ante otros, y la Iglesia del Señor sea entonces empoderada con líderes sanos y fuertes para caminar como dice la Biblia. Tanto Ezequiel como Jeremías exhortan a los cristianos a arreglar sus vidas, pues de otra manera —como también lo dicen las Escrituras— serán pronto cortados (Ezequiel 34; Jeremías 23; Juan 15).

La palabra de Dios es la espada del Espíritu, pero la tiene que blandir el Espíritu, de otro modo la Palabra se hace infructuosa. Y para que eso suceda se necesita una verdadera sanidad interior, pues cuando hay una verdadera sanidad interior, la Palabra, blandida por el Espíritu Santo, reconstruirá y empoderará el alma. Sin embargo, esta sanidad no puede darse si se ignoran los problemas del pasado. Por tanto, la sanidad comienza con la aceptación del problema existente, seguido por una comprensión de la Palabra (la que trae fe) y de un arrepentimiento genuino; todo esto se presenta mediante la pura gracia de Dios. La restauración y la sanidad emocional ocurre mediante esa gracia divina, la cual, al operar, sanará las heridas más profundas del corazón. Todos los líderes cristianos deben entregar su voluntad totalmente al Señor y rendirse de veras para que esto pueda ser posible.

Dios ha dado inteligencia al ser humano, y esta capacidad le permite conocer que, cuando sus emociones no son sanas, tampoco podrá comprender los sentimientos de los demás. Y un líder que no es capaz de llevar las cargas de los otros, quien no tiene la fuerza para ayudar a los demás con sus frustraciones y carece de empatía —pues aún no ha vencido él o ella mismo (a) en su propia vida, ni ha logrado su propia sanidad—, este tipo de líder, jamás podrá ser el que Dios necesita en su reino. Las buenas noticias son que, en Cristo, es posible aprender y ser libres de la negatividad, la cual, muchas veces es la causa raíz de las emociones perniciosas. Hoy en día, las emociones negativas cunden el mundo como una epidemia que produce mucho daño en la vida de la gente, pues existen millones que viven preocupados, con miedo de todo; sin embargo, cuando el individuo acepta que necesita recibir ayuda, entonces estará en el camino de reemplazar estas cosas con la confianza, la fe, el amor y la seguridad que da Dios. Él todo lo puede y proveerá a todo aquel que le pide —conforme a su voluntad (1 de Juan 5:14)— todo lo que haya pedido; Él dará a todos los suyos todo lo que necesiten, pues todo aquel que ha sido constituido en un hijo de Dios no solo es hechura suya, sino también, oveja de su prado (Salmos 100:3).

Los cristianos no deben olvidar que son humanos y que habitan en un mundo pecaminoso; sin embargo, ellos saben que no pertenecen al mundo sino a Cristo Jesús, y Él les ha dado su Espíritu para que caminen con Él y tengan aliento de vida. Así entonces, un líder que tiene el Espíritu y ha sido sanado emocionalmente, es un buen líder, uno que opera conforme al corazón de Dios. Este es uno de los puntos que he tratado en este libro, puntos que, al ponerlos en práctica, sé que funcionarán. La función de un terapeuta es ayudar al individuo a sacar a flote lo que le está estorbando en su interior, pero la sanidad emocional la trae Dios mismo, mediante su Espíritu. Y Él es el más interesado en que esta sanidad ocurra, pues de esa manera, quien ha sido sanado, podrá relacionarse adecuadamente con su prójimo y con su propia familia, y funcionará como líder en el llamado que Dios le ha dado.

Como dice Dr. Cloud, algo del carácter personal de los líderes se impone en su camino. Y menciona que los líderes son humanos, y como tales, tienen problemas que obstaculizan los mejores planes, ideas y acciones. Y cuando se trata de tener cambios nunca faltarán problemas que hacen que ellos se sientan estancados.[149]

Los líderes cristianos deben reconocer sus enfermedades emocionales, necesitan buscar ayuda antes que conformarse a continuar viviendo en el viejo hombre. Pues haciendo esto, podrán estar en posición de desarrollar su llamado, sus habilidades y adquirirán más conocimiento. En esto último creo que, después del conocimiento bíblico, los programas para la sanidad de las emociones serán una buena herramienta para ser usada con las personas de entre las congregaciones que han pasado por quebrantos en la vida.

---

[149] Henry Cloud, *Cambios necesarios*, 17.

RESUMEN

En este último capítulo he hablado de las acciones prácticas que traerán sanidad definitiva a las emociones de los líderes cristianos. He mencionado que la oración sincera y de todo corazón a Dios, la que es suficiente y constante, hará que el líder cristiano se reconecte con el Espíritu Santo, Aquel que opera la sanidad del corazón quebrantado.

He mencionado en segundo lugar, la necesidad de perdonar y pedir perdón. Los líderes cristianos enfermos emocionalmente han sido heridos de diferentes maneras por otras personas, pero la sanidad de estas heridas no ocurrirá únicamente con dejar pasar el tiempo, sino mediante el perdón. Asimismo, estos mismos líderes deben pedir perdón a todas las personas que han ofendido.

En el tercer apartado mencioné que todo aquel que quiere sanar emocionalmente y mantenerse en esa tan importante salud debe esforzarse por cumplir el segundo más importante mandamiento de Dios: amar al prójimo como a uno mismo. He dicho en el siguiente apartado que cuando un líder no es capaz de amar a su prójimo como a sí mismo, esto es señal de que no ha sido sanado.

Finalmente, la entrega total es indispensable para lograr una sanidad total y duradera, pues el Espíritu Santo la requiere, no es posible encontrar verdadera sanidad sin esta rendición total.

Con todo esto que he mencionado, no demerito de ninguna manera los recursos de la psicología que tengamos a la mano, antes bien, debemos aprovecharlos todos al máximo (como he estado recalcando en este libro, que la ayuda profesional en el campo de la psicología tiene bastante valor); no obstante, debemos recordar que al final de cuentas, el Sanador de nuestros corazones es Dios mismo.

Conclusión

Al terminar de leer este libro, usted podría preguntarse: ¿por qué hablar de la sanidad emocional del líder cristiano? Y más específicamente, ¿por qué hablar de la *importancia* de la sanidad emocional en los líderes eclesiásticos? La respuesta que yo tengo a estas preguntas es esta: veo una gran necesidad en la generación actual; existe una generación de líderes cristianos que necesitan sanidad emocional, pues sin ella, estos realmente están siendo incapaces de impactar al mundo y ganarlo para Cristo. ¡Los líderes cristianos tienen que levantarse con poder y hablar de Él con toda valentía!, ¡el mundo está desesperado por ellos, el mundo los necesita, y Dios quiere tenerlos como instrumentos!

Y al escudriñar la literatura que aborda el tema, he llegado a la conclusión de lo importante que es esta sanidad para el trato con los demás; es decir, es realmente importante que cada líder experimente una verdadera transformación, una verdadera sanidad en sus emociones; ya que, de esta manera, él o ella podrá valorar las oportunidades que Dios le otorga para manejar sus negocios. No se trata de los negocios de esta vida, ni de la administración de cosas que se pueden destruir, se trata de las almas preciosas por las que Cristo murió, aquellas que han aceptado el llamado de Dios a la salvación.

Algunos pueden pensar que, por el simple hecho de ser líderes, ya han llegado a la cúspide de su vida; sin embargo, no es así. La cúspide de la vida es ser como Cristo; y para ser como Él, lo primero será abandonar totalmente las cosas viejas, los pecados y las prácticas del pasado; aquellos sentimientos que no concuerdan con el carácter del Señor. Ya que, en Cristo, «las cosas viejas pasaron; he aquí todas son hechas nuevas» (2 Corintios 5:17). Y quien está emocionalmente sano tendrá la fortaleza para ayudar a otros. En Santiago 1:19 dice: «todo hombre sea pronto para oír, tardo para hablar, tardo para airarse». El líder cristiano estará listo para escuchar a otros cuando él o ella mismo(a) esté sano emocionalmente.

Por lo tanto, es muy importante que el líder posea el conocimiento que le ayude a obtener esta sanidad. Oseas 4:6 dice: «Mi pueblo fue destruido, porque le faltó conocimiento». En Jesús hay grandes promesas, Él ha dicho que todo cristiano tiene —además de la salud espiritual—, sanidad física, estabilidad emocional, la capacidad para tomar las mejores decisiones, y sabiduría para relacionarse ventajosamente. Cuanto más el cristiano se dedica a imitar los pensamientos, los modelos y la conducta de Jesús, será más bendecido y Dios lo utilizará para sus propósitos.

La aplicación de la palabra de Dios a la vida del líder hará que su estilo de vida envuelva una sana relación con el pueblo de Dios, es decir, con todo el cuerpo de Cristo. Y ahí, en comunión directa con el cuerpo de Cristo, mostrará la humildad del Señor y permanecerá sujeto a Él; y si esto sucede, entonces el tal podrá desempeñar un ministerio eficaz, y será un líder conforme al corazón de Dios. Y si el líder cristiano tiene esto, si tiene un corazón conforme al de Dios, entonces también tiene autoridad. La autoridad de Dios es ejercida por sus siervos fieles, los cuales enseñan la Palabra con denuedo y son usados por el Rey que viene por su pueblo.

Ezequiel, Isaías y Jeremías exhortaron al pueblo de Dios. Ellos denunciaron a los líderes religiosos, a los sacerdotes y a los gobernantes, y a estos llaman «pastores o líderes de Israel». Mientras tanto, en el Nuevo Testamento, el apóstol Pablo habla de aquellos que son mercaderes del evangelio (falsos profetas que corrompen la palabra de Dios), y exhorta a que, con sinceridad, como de parte de Dios y delante de Dios, los creyentes *hablen en Cristo*; y en esto, tanto él mismo como sus colaboradores son el ejemplo (2 Corintios 2:17).

«Hablar en Cristo» significa que el cristiano debe tener la calidad espiritual para hacer las veces de Cristo mismo cuando habla. Asimismo, los profetas del Señor, hablando por el Espíritu, dicen que los hijos de Dios no deben sobrepasar los límites de autoridad que Él les ha dado, es decir, no deben arrollar la autoridad de los líderes, pues Dios promete a su pueblo otorgarle líderes conforme a su corazón. Jeremías 3:14-15 dice: «¡Vuelvan a mí, israelitas rebeldes! ¡Ustedes son mis hijos! De cada ciudad tomaré a uno de ustedes, y de cada familia tomaré a dos, y los traeré a Jerusalén. Yo les daré gobernantes [pastores] que actúen como a mí me gusta, para que los guíen con sabiduría y con inteligencia» (TLA). Mientras tanto, en cuanto a los pastores irresponsables, Jeremías menciona que estos se han embrutecido y no han buscado a Jehová, por eso no prosperaron, y todo su rebaño se ha dispersado (Jeremías 10:21, RVR).

Vale la pena hacer un alto y reflexionar como se debe, pues ¿qué sería si los líderes se pusieran en el lugar de las ovejas que ministran —golpeadas y heridas—, y sienten el dolor con que ellas son tratadas dentro de las comunidades (aunque creo que muchos de estos líderes han pasado por la misma situación)? ¿Quieren ayudar a otros a sanar sus problemas y emociones, pero como líderes, ellos mismos no están sanos, y muchos guardan heridas del pasado y no están listos para ayudar sino para hacer sufrir a otros? Todos los líderes y pastores deben imitar a Jesús si es que quieren tener derecho de ser llamados *ministros del Señor*. No quiero decir con esto que no existan líderes buenos y muy buenos, y de esto también habla Jeremías 23, pues mientras Dios dice que castigaría a los pastores infieles, luego da la promesa de reunir a su rebaño y darles buenos pastores.

Este libro hace una descripción del problema, pero también brinda la solución, esta solución está en Cristo. El líder cristiano debe acudir a Dios y solicitar el poder del Espíritu Santo para renunciar al pasado, a todas las raíces de amargura, pues estando estas presentes, él o ella será incapaz de hacer la obra de Dios de la manera que Él lo quiere. En Salmos 133:1 dice: «Mirad cuán bueno y cuán delicioso es habitar los hermanos juntos y en armonía». Los líderes cristianos tienen que tener siempre presente que Dios quiere que los hermanos tengan una armonía perfecta en Él. Deben recordar que la obra es de Él, y Él les ha llamado para cumplir un propósito especial. Cristo Jesús no es prepotente ni mucho menos manipulador, esa fue la razón por la que Él murió en la cruz del calvario, para que la humanidad sea libre de todo complejo, acepte sus propias limitaciones, y se esfuerce por servirle dando lo mejor de sí mismo(a). Este es el hijo(a) de Dios, uno(a) que no escatima nada por su Señor. Entonces Dios le dará paz y fuerza para seguir adelante en su bendita obra.

Dicho lo anterior, es interesante la definición que da la Real Academia de la Lengua Española a la palabra *complejo*: «Conjunto de ideas, emociones y tendencias generalmente reprimidas y asociadas a experiencias del sujeto, que perturban su comportamiento».[150] En Cristo Jesús, el ser humano es libre de perturbaciones que afecten negativamente su comportamiento, esto también es sanidad emocional.

Mi esperanza es que todo aquel que lea este libro medite en el poder de la libertad de Cristo, y de la sanidad emocional que Él otorga. Y que siendo sano totalmente en su interior, se levante cada mañana, contemple lo extraordinario del amanecer, y se postre en la presencia de nuestro Dios.

Todo líder cristiano necesita reconocer que solo Dios puede libertar a un ser humano de la angustia, de la ansiedad, de la depresión, de la religiosidad vana y de todo aquello que es característico de la enfermedad emocional. Y si alguno que lee este libro es afecta-

---

[150] Real Academia Española, *Diccionario de la lengua española*, 23.ª *ed.*, [versión 23.6 en línea]. <https://dle.rae.es> [accedido 9/13/2023].

do por estas cosas, necesita creer verdaderamente que Jesús le toma de la mano para decirle que no desmaye, que Él es su consuelo en sus días de angustia y de aflicción, y Él está todavía en su trono, presto para sanar sus heridas. Confío también que este libro sea de ayuda para la vida de aquellos cuyas emociones están siendo atacadas, y se mantengan sanos emocionalmente al evitar todas las cosas que causan la enfermedad emocional.

Los líderes conforme al corazón de Dios son personas auténticas que realmente creen que la Biblia es la máxima autoridad, la norma de fe y conducta para el ser humano. En este respecto el cristiano es más que uno que acepta a Jesús en su corazón y cree en que Él es el Creador de los cielos y la tierra, Aquel que dio vida al ser humano. Un cristiano es aquel que imita a Jesús, que le sigue en todo lo que Él hizo y hace, y se mantiene firme y trabaja día a día en el propósito que Él le ha dado. Con todo, el trabajo del Espíritu Santo en el cristiano es una tarea que nunca termina, y su perfeccionamiento en el Señor es interminable. De esto el cristiano tiene su promesa: «Estando persuadido de esto, que el que comenzó en nosotros la buena obra, la perfeccionará hasta el día de Jesucristo» (Filipenses 1:6).

Mi deseo es que los líderes cristianos caminen, avancen y conquisten el reino de Dios.

Bibliografía

Aguado, Luis. *Emoción, afecto y motivación*. Madrid: Alianza Editorial.

Baena Acebal, José M. *Pastores según el corazón de Dios*. Barcelona: Editorial CLIE, 2021.

Barbosa de Sousa, Ricardo. *Por sobre todo cuida tu corazón*. Buenos Aires: Ediciones Kairos, 2005.

Barna Group, "30% of U.S. Pastors Have Thought About Quitting Full-Time Ministry in the Past Year", Barna Group, Nov 16, 2021, https://www.barna.com/research/pastors-well-being/

Barna, George. *Pensar como Jesús*. Brentwood, TN: Copyright Integrity Publisher, 2003.

Belding, J., M. G Howard, M. A. McGuire, A. C. Schwartz, y J. H. Wilson, "Social buffering by God: Prayer and measures of stress". *Journal of Religion and Health* 49 (2) (2010), 179–187. https://doi.org/10.1007/s10943-009-9256-8.

Berteau, Glen. *Cristianismo Light*. Lake Mary, Fl: Casa Creación, 2013.

Betancourt, Esdras. *Introducción a la psicología pastoral*. Barcelona: Clie, 1994.

Blackaby, Henry T. y Richard Blackaby. *Liderazgo spiritual*. Nashville: B&H Publishing Group, 2016.

Bonhoeffer, Dietrich. *El curso de discipulado de Dietrich Bonhoeffer*. Frederick, OK: Editorial Palabra Pura, 2020.

Branson-Potts, Harley. "Otro joven pastor que abogaba por la salud mental muere por suicidio", *Los Angeles Times*, Sep.12, 2019. https://www.latimes.com/espanol/https:/www.latimes.com/california/articulo/2019-09-12/california-mega-iglesia-pastor-suicidio-sanidad-mental.

Bugum, Jabeen. "Manipulation: Symptoms to Look For", WebMD, Abril 03, 2023. https://www.webmd.com/mental-health/signs-manipulation.

Caballero, Pablo. *Sanidad emocional*. Publicado por el autor, 2018.

Caliguire, Jeff. *Leadership Secrets of Saint Paul*. Des Moines, IA: River Oaks Publishing, 2003.

Calvino, Juan, Julio C. Benitez, trad. *Una perentoria advertencia a los pastores*. Medellin: Julio C. Benitez, 2018.

Carrillo, Andrés. "Los 6 modelos de liderazgo según Daniel Goleman" *Psicología y Mente*, Mar 25, 2019. https://psicologiaymente.com/organizaciones/modelos-de-liderazgo-goleman.

Carro, Daniel, Jose T. Poe y Ruben O. Zorzol. *Comentario Bíblico Mundo Hispano Tomo 10 (Isaías)*. El Paso, TX: Editorial Mundo Hispano, 2009.

Cevallos, Juan Carlos y Rubén O. Zorzoli. *Comentario bíblico Mundo Hispano Tomo 12, Ezequiel y Daniel*. El Paso, Tx: Editorial Mundo Hispano, 2009.

Cloud, Henry y John Townsend. *Boundaries: When to Say Yes, How to Say No to Take Control of Your Life* (Grand Rapid, MI: Zondervan, 1992.

______. *No es culpa mía*. Miami, FL: Editorial Vida, 2008.

Cloud, Henry. *Cambios necesarios*. Miami, FL: Editorial Vida, 2012.

______. *Cambios que sanan*. Miami, Florida: Editorial Vida, 2003.

Corbera, Enric. *Emociones para la vida: El camino hacia tu bienestar*. Barcelona: Penguin Random House Grupo Editorial, 2018.

Cortez, Felipe, Ricardo Crane, Vladimir Rodríguez y Jorge Sorbarzo. *Conceptos psicológicos prácticos para el obrero cristiano*. Miami: Unilit, 2002.

Department of Public Health of Massachussets, "Bienestar emocional". Department of Public Health of Massacussets, 2023. https://www.mass.gov/service-details/bienestar-emocional.

Diccionario de la lengua española, 23.ª ed., [versión 23.5 en línea]. https://dle.rae.es.

Erdely, Jorge. *Pastores que abusan*. Miami, FL: Unilit, 2002.

Esquilo. *Tragedias*. Madrid: Editorial Gredos, 1986.

Goleman, Daniel. *Emotional Intelligence: Why It Can Matter More than IQ*. London: Bloomsbury, 1996.

______. *Inteligencia emocional: Resumen completo*. Middletown, DE:Bookify, 2022.

Goleman, Fabian. *Manipulación*. Las Vegas, NV: Publicado por el autor, 2020.

Harris, Marty. Correo electrónico al autor, octubre 23, 2022.

Henry, Matthew. "Luke 12 Bible Commentary", Christianity.com, 2023.https://www.christianity.com/bible/commentary/matthew-henry-complete/luke/12

______. *Comentario de la Biblia*. Miami Florida: Editorial Unilit, 1999.

Hunt, June. *Depresión*. Bogotá: Editorial CLC, 2015.

Jamut, Gustavo E. *Effatá*. Buenos Aires: Editorial Claretina, 2017.

Keil, C.F. y F. J. Delitzsch. *Comentario al Texto Hebreo del A.T., Ezequiel*. Barcelona: Editorial CLIE, 2018.

Larrañaga, Ignacio. *Transfiguración*. Madrid: Artes Gráficas, 1997.

Leaf, Carolina. *Limpia tu enredo mental*. Madrid: Belmont Traductores, 2021.

Lee, Ye-Seul, Yeonhee Ryu, Won-Mo Jung, Jungjoo Kim, Taehyung Lee, Younbyoung Chae. "Understanding Mind-Body Interaction from the Perspective of East Asian Medicine", *Evidence-Based*

Complementary and Alternative Medicine, vol. 2017, Article ID 7618419, 6 pages, 2017. https://doi.org/10.1155/2017/7618419.

Lucado, Max. *Enfrete a sus gigantes*. Nashville: Grupo Nelson, 2006.

Manes, Facundo. *El Cerebro del futuro*. Cd. de México: Ediciones culturales Paidós, 2018.

MacLean, P. D. *The Triune Brain in Evolution: Role in Paleocerebral Functions*. New York: Plenum/ Springer, New York, 1990.

Merriam-Webster [version en línea]. https://www.merriam-webster.com/dictionary/mentor

Meurisse, Thibaut *Domina tus emociones*. Ed. Juan M. Gimenez Simimarco, 2020.

Nee, Watchman. *El carácter del obrero de Dios*. Buenos Aires: Editorial Peniel, 1994.

Nouwen, Henri. *Formación espiritual*. Bilbao, España: Sal Terrae, 2011.

Ogden, Gregory J. *Discipulado que transforma: El modelo de Jesús*. Barcelona: Editorial CLIE, 2006.

Organización Mundial de la Salud. "Salud mental: fortalecer nuestra respuesta". OMS, 17 de julio de 2022. https://www.who.int/es/news-room/fact-sheets/detail/mental-health-strengthening-our-response.

______. "Trastorno depresivo (depresión)", *OMS* 29 de agosto de 2025. https://www.who.int/es/news-room/fact-sheets/detail/depression

Orihuela, Anamar. *Transforma las heridas de tu infancia*. Ciudad de México: Penguin Random House Grupo Editorial, 2009.

Piper, John. *Hermanos no somos profesionales*. Barcelona: CLIE, 2010.

Polischuk, Pablo. *El consejo terapéutico*. Barcelona: Clie, 1994.

Prince, Derek. "The Seeking of Control", Derek Prince Ministries, 2006. https://www.derekprince.com/teaching/06-3.

Real Academia Española, *Diccionario de la lengua española, 23.ª ed.*, [versión 23.6 en línea]. https://dle.rae.es/medrar?m=form.

Retana García, J.A. "La educación emocional, su importancia en el proceso de aprendizaje". *Revista Educación vol. 36, núm 1*, 2012.

Retana, Daniel. *Qué tiene que ver Dios con tus emociones*. Miami: Casa Creación.

Salwen, E., L. Underwood, y G. Dy-Liacco. "Self-Disclosure and Spiritual Well-Being in Pastors Seeking Professional Psychological Help", *Pastoral Psychology* 66 (4) (2017).

Scazzero, Peter y Geri. *Relaciones emocionalmente sanas*. Nashville, TN: Editorial Vida, 2020.

Scazzero, Peter. *Espiritualidad emocionalmente sana*. Miami, FL: Editorial Vida, 2006.

Seligman, Martin. *La auténtica felicidad*. Barcelona: Ediciones Vergara, 2003.

______. "The new era of positive psychology", TED, Jul 21, 2008, YouTube video, 5:38, https://www.youtube.com/watch?v=9FBxfd7DL3E&t=387s

Stamateas, Bernando. *Nudos mentales*. Madrid: B de Bolsillo, 2018.

______. *No me maltrates*. Barcelona: Ediciones B, S.A., 2013.

Stogdill, R.M. "Leadership, membership and organization". *Psychological Bulletin* (1950).

Sunstein, Cass, R. "Fifty Shades of Manipulation", Journal of Marketing Behavior: Vol. 1: No. 3-4, pp 213-244 (2016). http://dx.doi.org/10.1561/107.00000014.

Tannenbaum, R., I. R. Weschler, & F. Massarik, *Leadership and organization*. New York: McGraw-Hill, 1961.

Taylor, Richard S., J. K. Grider, Willard H. Taylor, *Diccionario Teológico Beacon* (Kansas City: Casa Nazarena de Publicaciones, 1995.

Turner, N. y J. Barling. "Moral Reasoning and Transformational Leadership: an Exploratory Study". Manuscrito sometido para su publicación. Ontario, Canadá: Queen's University, Kingston, Escuela de Negocios, 2000.

Vázquez, Carmelo y Gonzálo Hervas. *La ciencia del bienestar*. Madrid: Alianza Editorial, 2009.

Watson, Kathryn y Jacquelyn Johnson, "Abandonment Trauma: Effects and Symptoms in Children and Adults", *PsychCentral* mayo 24, 2022 https://psychcentral.com/health/abandonment-trauma

Website of the Commonwealth of Massachusetts. "Bienestar emocional". Commonwealth of Mass, 2022. https://www.mass.gov/service-details/bienestar-emocional.

Yukl, G. *Leadership in organizations* (6th ed.) (Upper Saddle River, NJ: Pearson-Prentice Hall. Zalenik, A., 1992). "Managers and leaders: Are they different?" *Harvard Business Review* (2006).